원서발췌
피론주의 개요

고전 명작을 읽는 가장 쉬운 길,
'지식을만드는지식 원서발췌'

축약, 해설, 리라이팅이 아닙니다. 원전의 핵심 내용을 문장 그대로 가져옵니다. 작품의 오리지낼리티를 가감 없이 느낄 수 있습니다.
두껍고 읽기 어려워 책장을 덮어 버리곤 했던 고전을 발췌합니다. 해당 작품을 연구한 전문가가 작품의 정수를 가려 뽑아냅니다. 핵심만 읽기 때문에 더 빠르게 더 많은 고전을 읽을 수 있습니다. 제외된 부분은 중간중간 친절하게 요약 설명합니다. 풍부한 해설과 주석으로 전체 내용을 파악하는 데 무리가 없습니다. 정확한 번역, 적절한 윤문으로 10대에서 80대까지 누구나 쉽게 읽을 수 있습니다. 콤팩트한 사이즈와 분량이므로 간편하게 휴대할 수 있습니다. 수천 쪽의 고전을 발췌된 내용으로 읽고도 전체 의미를 파악할 수 있는 것이 지식을만드는지식 원서발췌의 매직입니다. 발췌율은 표지에 표시하고 발췌 방법은 일러두기에 상세히 밝힙니다.
고전 독자를 발췌 읽기에서 완역 읽기로, 더 나아가 원전 읽기로 안내합니다. 바쁜 현대인들에게 새로운 고전읽기 방법을 제시합니다.

원서발췌
피론주의 개요

Πυρρώνειοι ὑποτυπώσεις

섹스투스 엠피리쿠스(Σέξτος Ἐμπειρικός) 지음
오유석 옮김

대한민국, 서울, 지식을만드는지식, 2026

편집자 일러두기

- 이 책은 《Sextus Empiricus: Outlines of Scepticiism》(ANNAS, J.&BARNES, J., Cambridge: Cambridge University Press, 1994), 《Sextus Empiricus: Outlines of Pyrrhonism》(BURY, R. G., Buffalo: Prometheus Books, 1990), 《The Skeptic Way: Sextus Empiricus's Outlines of Pyrrhonism》(MATES, B., New York & Oxford: Oxford University Press, 1996)를 원전으로 삼았습니다.
- 이 책은 원전의 내용에서 약 3분의 1을 발췌하였습니다.
- 각주는 모두 옮긴이가 붙인 것입니다.
- 각 권의 일련번호는 H. Mutschmann의 텍스트 편집에 따른 것입니다.
- [ ] 와 소제목의 일련번호에서 빠진 것과 '…'는 발췌를 위해 생략된 부분입니다.
- 외래어의 표기는 현행 한글어문규정의 외래어표기법을 따랐습니다.
- 이 책은 2008년 4월 15일 한정판 '고전선집' 시리즈로 처음 출간했습니다. 2012년 1월 20일 표지를 바꿔 '천줄읽기' 시리즈로 다시 출간했다가 이번에 '원서발췌' 시리즈로 옮겨 출간합니다.

차례

제1권

제2권

제3권

부록 : 피론은 회의주의자였는가?

제1권

1. 철학자들의 근본적인 차이에 관하여

[1] 어떤 대상을 탐구하는 사람들에게 있어서, 자연스럽게 따라오는 귀결은 발견에 성공하거나, 아니면 발견을 부인하고 인식의 불가능성(ἀκαταληψία)을 인정하거나, 아니면 탐구를 계속 진행하거나다. [2] 아마도 이런 이유로, 철학적 탐구 대상들의 경우에 있어서도, 어떤 사람들은 진리(τὸ ἀληθὲς)를 발견했다고 주장하고, 다른 사람들은 이것이 인식 가능하지 않다고 선언하는 반면, 계속 탐구를 진행하는 사람들도 있다. [3] 그중 스스로 진리를 발견했다고 여기는 자들은 특히 '독단주의자들(δογματικοί)'이라고 일컬어진다. 가령 아리스토텔레스나 에피쿠로스의 추종자들, 스토아학파, 그리고 다른 자들이 여기에 속한다. 한편 클레이토마코스와 카르네아데스 그리고 다른 아카데미아 철학자들은 진리의 인식 불가능성에 대해 주장했던 반면, 회의주의자들은 탐구를 계속 진행한다. [4] 이렇게 볼 때, 철학의 가장 근본적인 종류는 셋—즉 독단주의 철학과 아카데미아 철학 그리고 회의주의 철학—이라고 간주됨이 마땅하다. 이들 중 다른 두 학파[1)]에 대해서는 다른 사람들이 기술하는 것이 적절할 것이다. 반면 지금부터

우리는 회의주의의 길에 대해서 개략적으로 말할 것이다. 이 책에서 언급되는 것들 중 어떤 것에 대해서도, 우리는 '그 대상이 어떤 경우든지 우리가 말하는 바 그대로다'고 단언하지 않으며, 오히려 우리는 각각의 논의 대상에 대해서 그것이 현재 우리에게 어떻게 보이는가에 입각해서(κατὰ τὸ νῦν φαινόμενον) 단순히 연대기적으로 보고한다(ἱστορικῶς ἀπαγγέλλομεν)는 점을 미리 지적해 둔다.

---

1) 즉 독단주의와 아카데미아학파.

2. 회의주의의 논의들에 관하여

[5] 회의주의 철학의 논의 중 어떤 것은 일반적인 논의(καθόλου λόγος)라고 명명되는 한편, 다른 것은 개별적인(εἰδικός) 논의라고 불린다. 일반적인 논의란 아래와 같은 것들을 논의함으로써 회의주의의 특성을 드러내주는 논의다.

회의주의의 의미는 무엇인가? 회의주의의 원칙들은 무엇이며, 그 논의들은 어떠한 것들인가? 회의주의의 행동기준은 무엇이며, 그 목표는 무엇인가? 판단유보를 뒷받침하는 논변들은 어떠한 것들이며, 우리는 회의주의적 언표들(ἀποφάσεις)을 어떻게 이해해야 하는가? 회의주의는 그와 동시에 활동하고 있는 다른 철학들로부터 어떻게 구별되는가?[2)]

[6] 한편 개별적인 논의란 (다른 철학자들에 의해) 철학이라고 명명되는 것의 각 부분들에 대해 우리가 반론을 제기하는 논의다. 그러면 먼저 회의주의의 길의 여러 명칭

2) 실제로 앞으로의 논의는 이러한 질문들에 대한 답변들을 통해 이루어지고 있다.

들부터 소개하기 시작해서, (회의주의에 대한) 일반적인 논의에 착수해 보겠다.

3. 회의주의의 명칭들에 관하여

[7] 회의주의의 길(σκεπτικὴ ἀγωγή)은 탐구의 길(ζητητικὴ ἀγωγή)이라고도 명명되는데, 탐구하고 연구하는 회의주의의 활동 때문에 얻게 된 명칭이다. 또한 회의주의의 길은 판단유보의 길(ἐφεκτική)이라고도 불리는데, 탐구한 후 연구자(σκεπτόμενον)[3]에게 생겨나는 느낌(πάθος)으로 인해 이런 명칭을 얻게 되었다. 한편 회의주의의 길은 아포리아의 길(ἀπορητική)이라고 불리는데, 이런 명칭을 얻게 된 이유는, 혹자가 말하듯이, 회의주의가 모든 일에 대해서 의문을 품고 탐구하기 때문이거나, 아니면 긍정해야 할지 부정해야 할지에 관해 어찌할 바를 모르기 때문이다. 그리고 회의주의는 피론주의(Πυρρώνειος)라고도 불리는데, 그 이유는 우리가 보기에 피론이 그 이전

---

3) σκέπτεσθαι는 본래 '주의 깊게 보다', '관찰하다', '조사하다', '숙고하다' 등을 뜻한다. 하지만 섹스투스는 σκεπτικός를 '회의주의자'라는 의미로 사용하고 있다. 섹스투스에 따르면, 독단주의자는 탐구가 아직 다 끝나지도 않았는데 진리를 발견했다고 강변하면서 탐구를 중단한 반면, 회의주의자는 탐구를 계속 진행한다. 따라서 회의주의자만이 진정한 탐구자라고 불릴 수 있다는 것이다.

의 어떤 사람보다도 더 활발하고 명백하게 회의주의로 나아갔기 때문이다.

4. 회의주의란 무엇인가

[8] 회의주의란 어떤 방식으로든 보이는 것들(φαινόμενα: 현상들)과 사유되는 것들(νοούμενα)을 대립시키는 능력(δύναμις)이며, 서로 대립되는 사태들이나 진술들이 힘에 있어서 평형을 이루므로(διὰ τὴν ἰσοσθένειαν), 우리는 이러한 능력으로 인해서 우선 판단유보(ἐποχή)에 이르게 되며, 그 후에 마음의 평안(ἀταραξία)에 이르게 된다. [9] 우리는 여기서 '능력(δύναμις)'이라는 말을 현묘한 의미로 사용하는 것이 아니라 단순히 '어떠어떠한 것을 할 수 있음'이라는 뜻으로 사용한다. 또한 우리는 여기서 '보이는 것들(φαινόμενα)'을 '감각 가능한 것들(αἰσθητά)'이라는 의미로 사용한다. 그렇기 때문에 이들은 사유되는 것들과 서로 대조되고 있다. 한편 '어떤 방식으로든(καθ' οἱονδήποτε τρόπον)'은 '능력'을 수식할 수도 있고—그렇게 함으로써 '능력'이라는 낱말을 우리가 앞서 말한 것처럼 문자 그대로의 의미로 받아들인다는 점을 보이기 위해서—, 아니면 '보이는 것들과 생각되는 것들을 대립시키는'을 수식할 수도 있다. 왜냐하면 우리는 보이는 것들(즉 현상들)을 보이는 것들에 대립시키거나

생각되는 것들을 생각되는 것들에 대립시키며 혹은 교차해서 대립시킴으로써, 다양한 방식으로 대상들을 대립시키기 때문이다. 그렇기 때문에 우리는 모든 종류의 대립이 포괄되도록 하기 위해서, '어떤 방식으로든'이라는 표현을 사용하는 것이다. 혹은 '어떤 방식으로든'은 '보이는 것들과 사유되는 것들'과 어울릴 수도 있다. 이로써 우리는 어떻게 해서 보이는 것들이 보이며 어떻게 해서 사유되는 것들이 사유되는지 탐구하는 것이 아니라, 단지 우리가 이런 말들을 문자 그대로 받아들인다는 점을 보이고자 한다. [10] 또한 우리는 '대립되는 진술들'이라는 용어를 반드시 '긍정' 또는 '부정'을 가리키는 말로 받아들이는 것이 아니라, 단순히 '서로 상충하는 진술들'이라는 말 대신 사용한다. 그리고 '힘에 있어서의 평형(ἰσοσθένεια)'은 믿을 만함과 믿을 수 없음과 관련해서 동일함을 뜻한다. 즉 상충하는 진술들 가운데 어떤 것도 다른 진술보다 더 믿을 만한 것으로 간주되지 않는다는 말이다. 한편 '판단유보(ἐποχή)'는 사고(διάνοια)의 정지이며, 이 때문에 우리는 어떤 것도 거부하지도 않고 받아들이지도 않는다. 그리고 '마음의 평안(ἀταραξία)'은 마음에 동요가 없는 상태 혹은 고요한 상태다. 마음의 평안이 어떻게 판단유보와 더불어 생겨나는가 하는 물음에 대해서, 우리는 회의주의의 목표를 논의할 때[4] 그 답변을 제안하겠다.

4) 《피론주의 개요》(이하 *PH.*) I 12.

5. 회의주의자에 관하여

[11] 피론주의 철학자가 어떤 사람인지는 이미 회의주의의 길의 의미를 설명할 때 은연중에 정의되었다. 왜냐하면 그는 앞서 언급된 능력들을 소유하고 있는 자이기 때문이다.

6. 회의주의의 원칙들에 관하여

[12] 우리는 회의주의의 길을 발생시킨 인과적 연원(ἀρχὴαἰτιώδης)[5)]이 마음의 평안을 얻고자 하는 소망이라고 주장한다. 재능을 타고난 사람들이 사물들의 불규칙성 때문에 혼란을 느껴서, 도대체 사물들 중 어떤 것에 더 동의해야 할지 의문을 품고, 사물들에 있어서 진리가 무엇이며 거짓이 무엇인지 탐구하게 된 경우가 있다. 이들은 이 문제를 해결함으로써 마음의 평안을 얻게 될 것이라고 기대한다. 하지만 회의주의를 구성하는 주된 원칙(ἀρχή)은 '모든 논의 (λόγος)에 대해 그것과 (가치가) 동일한 논의가 대립된다 (ἀντικεῖσθαι)'는 것이다. 왜냐하면 우리는 이러한 원칙으로 인해서 독단적 믿음에 대한 중단에 도달하게 된다고 생각하기 때문이다.

---

5) ἀρχή라는 말은 '시초' 또는 '연원'이라는 의미도 가지지만, '원리'나 '원칙'을 뜻하기도 한다.

7. 회의주의자가 (독단적) 견해를 가지는가

[13] 회의주의자가 (독단적) 견해를 가지지 않는다고 우리가 주장할 때, 우리는 '견해 혹은 믿음(δόγμα)'이라는 말을, 어떤 사람들이 말하듯이, '일반적으로 어떤 대상들을 용인함(εὐ δοκεῖν)'이라는 의미로 사용하는 것이 아니다. (왜냐하면 감각표상에 따라 필연적으로 생겨나는 느낌[6]에 대해서는 회의주의자도 동의하기 때문이다. 가령 회의주의자는 그가 뜨거워지거나 차가워졌을 때, "나는 뜨거워지지 않았다고 생각한다" 혹은 "나는 차가워지지 않았다고 생각한다"고 말하지 않는다.) 오히려 회의주의자가 (독단적) 견해를 가지지 않는다고 우리가 주장할 때, '(독단적) 견해'라는 말은, 어떤 이들이 주장하듯이, '불분명한 학문적 탐구의 대상에 대한 동의'를 의미한다. (왜냐하면 피론주의자는 불분명한 것에 대해서 결코 동의하지 않기 때문이다.)[7] [14] 더구나 회의주의자는 불분명한 대

6) 혹은 강제되는 느낌.

7) 여기에서 섹스투스는 '견해 또는 믿음(dogma)'의 두 가지 의미를 구분하고 있다. 1. 감각 데이터에 대한 수동적인 용인. 2. 불분명한 원인에 대한 독단적 믿음. 섹스투스에 따르면, 회의주의자는 첫 번째 의미

상들에 대해서 회의주의적 표현법들—이를테면 '더 …하지 않는다(οὐ μᾶλλον)'나 '아무것도 결정하지 않는다(οὐδὲν ὁρίζω)' 혹은 우리가 나중에[8] 언급하게 될 다른 표현들의 경우처럼—을 사용할 경우에도, 독단적 견해를 가지지 않는다. 왜냐하면 독단적 견해를 가지는 사람은 그가 믿고 있다고 이야기되는 대상을 실제적인 것(ὑπάρχον)으로 상정하기 때문이다. 반면 회의주의자는 자신의 표현이 반드시 실제와 일치한다고 간주하지 않는다. 왜냐하면 '모든 것이 거짓이다'라는 표현이나 '어떤 것도 참이 아니다'라는 진술이 다른 모든 것과 더불어 그 문장 자신도 거짓임을 말하듯이,[9] '더 …하지 않는다(οὐ μᾶλλον)'라는 표현 또한 다른 모든 진술과 마찬가지로 그 진술 자신도 다른 진술들보다 더 사실인 것은 아니라는 것을 주장하고 있으며, 이런 이유로 이 진술은 다른 진술들과 함께 자기 자

의 믿음은 거부하지 않는다. 다시 말해 회의주의자도 자신에게 감각표상이 어떠어떠하게 보인다는 사실은 인정한다. 하지만 그는 독단주의자처럼 불분명한 외부 대상에서 감각의 원인을 찾아 헤매지 않는다. 다시 말해 우리에게 분명한 것은 감각표상일 뿐이므로, 불분명한 외부 대상에 대해서는 판단을 유보해야 한다는 것이 회의주의자의 입장이다.

8) *PH*. I 187~208.

9) 즉 '모든 것은 거짓이다'는 주장은 자기 반박적이다. 왜냐하면 이 진술 자체도 거짓임을 주장하고 있기 때문이다.

신의 진리 주장을 무효화하고 있다고 회의주의자는 추정하기 때문이다. 우리는 나머지 회의주의적 표현법들에 대해서도 같은 논의를 적용할 수 있다. [15] 따라서 만약, 독단적인 믿음을 가지고 있는 사람은 자신이 믿고 있는 바를 실제적인 것으로 놓는 반면, 회의주의자는 자신의 진술이 암묵적으로 그 스스로 진리성을 무효화하도록 자신의 의사를 표현한다면, 회의주의자는 자기 의사를 표현함에 있어서 독단적 견해를 가지지 않는다고 말해질 수 있다. 하지만 가장 중요한 것은 다음과 같은 점이다. 회의주의자는 회의주의적 표현들을 진술함에 있어서, 자신에게 보이는 것(φαινόμενον)을 기술하고, 독단적 믿음을 가지지 않고서(ἀδοξάστως) 자신이 느끼는 바(πάθος)를 보고하며(ἀπαγγέλει), 외부 대상에 관해서는 결코 확언하지 않는다.

8. 회의주의자가 학파(αἵρεσις)를 가지는가[10)]

[16] "회의주의자가 학파를 가지는가?"라는 물음이 제기되는 경우에도, 우리는 앞서와 동일한 태도를 취한다. 만약 '학파'라는 말이 '서로 정합적인 동시에 현상들과도 일치하는 많은 믿음들에 대한 이끌림'을 의미한다면, 그리고 '믿음'(또는 '견해': δόγμα)이라는 말이 '불분명한 것에 대한 동의'를 뜻한다면, 우리는 회의주의자가 그와 같은 학파를 가지지 않는다고 말할 것이다. [17] 하지만 만일 '학파'라는 말을, 현상과 관련해서[11)] 다음과 같은 어떤 논증에 따르는 길(또는 삶의 태도: ἀγωγή)이라고 규정한다면, 우리도 학파를 가진다고 말한다. 여기서 우리의 논증은 어떻게 해야 우리가 올바르게 살 수 있는지[12)] 보여주

---

10) 피론주의는 철학 학파가 아니라고 주장한 사람들이 있었다. Diogenes Laertius, *Vitae philosophorum*(이하 *DL.*) I 20과 Aristocles apud Eusebius, *Praeparatio evangelica* XIV xviii 30 및 Clement, *Stromata* VIII iv 16.2를 참조.

11) κατὰ τὸ φαινόμενον: 또는 '현상과 일치하는 (논증)'.

12) 이 구절의 원문은 ὡς ἔστιν ὀρθῶς δοκεῖν ζῆν이며 이를 직역해 보면 '어떻게 하면 올바르게 사는 것처럼 보일 수 있는지'다. 하지만 회의주의자가 원하는 것은 남에게 올바르게 사는 것처럼 **보이는** 일이 아니라

며 – 이때 올바르다는 말은 덕스러움에만 관련되는 것이 아니라 좀 더 포괄적인 의미로 사용되고 있다 –, 이런 논증으로 인해 우리는 판단을 유보할 수 있게 된다. 왜냐하면 우리는 현상과 관련해서[13] 어떤 논증에 따르며, 우리의 논증은 우리가 조국의 전통적인 풍습과 법률, 다양한 제도 그리고 우리 자신의 느낌에 일치해서 살 수 있는 길을 보여주기 때문이다.

실제로 올바르게 사는 것이다. 이런 이유로 Mutschmann은 δοκεῖν을 삭제했다. 우리는 Mutschmann의 제안에 따라 δοκεῖν을 빼고 해석했다.

13) κατὰ τὸ φαινόμενον: 또는 '현상과 일치하는'.

9. 회의주의자도 자연에 대해 탐구를 수행하는가

[18] 우리는 "회의주의자가 자연학 탐구를 수행해야 하는가?"라는 질문에 대해서도 앞서와 유사한 답변을 제시한다. 다시 말해, 자연학 이론과 관련해서 독단적 탐구 대상이 되는 것들 중 어떤 것에 관해 굳건한 신념을 가지고 단언하려는 것이 목적이라면, 우리는 그러한 자연학 연구를 추구하지 않는다. 반면 모든 논의에 대해 이와 가치가 동일한 다른 논의를 대립시키거나, 혹은 마음의 평안을 얻는 일이 목적이라면, 우리는 자연학 연구에 관여한다. 우리는 철학이라고 지칭되는 학문의 논리학과 윤리학 분과[14]에 대해서도 이와 동일한 방식으로 접근한다.

---

14) *PH.* II 12~13에서 섹스투스는 스토아학파가 철학의 세 분과를 자연학, 논리학, 윤리학으로 나누고 있다고 말하고 있다.

10. 회의주의자는 현상들(φαινόμενα)을 부정하는가[15)]

[19] 회의주의자가 현상들을 부정한다고 주장하는 사람들은, 내가 생각하기에, 우리 학파에서 주장하는 바를 제대로 들어보지 못한 듯하다.[16)] 왜냐하면 이미 앞에서도 말한 바 있듯이,[17)] 우리는 우리의 의지와 무관하게 수동적 표상(φαντασία παθητική)에 따라서 우리를 동의로 이끄는 것들—이들이 바로 현상[18)]이다—을 거부하지 않기 때문이다. 한편 "외부 대상이 우리에게 보이는 모습 그대로인가?"라고 물을 경우, 우리는 그 대상이 우리에게 어떠어떠하게 보인다는 사실은 인정하며, 우리는 현상에 관해 의문을 제기하는 것이 아니라, 현상에 관해 언표되는 바[19)]를 문제 삼는다. 이런 일[20)]은 현상 그 자체에 대해서

15) *DL.* XI 103~104에서도 회의주의자가 현상을 부정하는지와 관련해서 논의가 전개되고 있다.

16) 회의주의에 대한 다른 오해들과 관련해서는 *PH.* I 200과 208 참조.

17) *PH.* I 13과 17 참조.

18) φαινόμενον: 우리 감각기관에 어떠어떠하게 보이는 것.

19) 다시 말해 감각 대상이 **실제로** 어떠어떠하다는 주장.

탐구하는 것과는 다르다.[21] [20] 가령 벌꿀은 우리에게도 명백히 달콤해 보인다. 그리고 우리는 이런 점을 받아들인다. 왜냐하면 우리는 감각을 통해서 달콤한 맛을 느끼기 때문이다. 하지만 (철학적) 논의와 관련된 한, 우리는 벌꿀이 실제로 달콤한 것인지 의문을 제기한다. 이러한 것[22]은 우리에게 드러나는 현상이 아니라, 현상에 대해서 언표되는 것이기 때문이다. 설령 우리가 현상에 반대되는 논변들을 제시하는 경우에도, 우리는 이러한 논변들을 통해서 현상들을 완전히 부정하고자 하는 것이 아니라, 단지 독단주의자들의 성급함을 보여주기 위해 이러한 논변들을 제시하는 것이다. 왜냐하면 어떤 논변이 너무나도 기만적이어서, 명백하게 보이는 현상들조차 우리 눈앞에서 강탈해 버릴 정도라면, 필경 우리는 불분명한 대상들과 관련해서 이런 논변을 의심의 눈길로 바라볼 것이며, 이로써

---

20) 외부 실재에 대한 탐구, 또는 외부 실재에 대해서 의문을 제기하는 일.

21) 섹스투스에 따르면, 회의주의자는 외부 대상이 우리에게 현상되는 모습은 받아들이지만, 그 대상의 실제 모습이 어떠한지에 대해서는 판단을 유보한다. 우리는 감각의 한계를 넘을 수 없으므로, 우리에게 명확한 것은 우리에게 드러나는 대상의 모습(즉 현상)뿐이다.

22) 벌꿀의 실제적인 본성.

그 논변에 무비판적으로 따르는 성급함을 피할 수 있지 않겠는가?

11. 회의주의의 판단기준(κριτήριον)에 관하여

[21] 우리가 현상에 주목한다는 사실은, 회의주의의 길의 (행동) 기준과 관련된 우리의 논의를 통해 명백히 드러난다. '기준(κριτήριον)'이라는 말은 두 가지 의미로 사용된다. 첫 번째는 어떤 대상이 실제로 존재하는지 존재하지 않는지에 관한 확신을 제공할 목적으로 채택되는 기준[23]이다. 이러한 기준에 대해서는 나중에 논박할 차례가 돌아오면 다시 논의하겠다.[24] 두 번째 기준은 행동과 관련된 기준이다. 우리는 살아가는 동안 이러한 행동기준에 입각해서, 어떤 행동은 실행하는 반면, 어떤 행동은 실행하지 않는다. 우리는 지금부터 행동기준에 대해 논의하고자 한다. [22] 우리는 회의주의의 길의 행동기준이 '현상'－이 용어는 실질적으로 감각표상(φαντασία)을 가리킨다－이라고 주장한다.[25] 왜냐하면 현상 혹은 감각표상은

---

23) 이를 진리의 기준(κριτήριον τῆς ἀληθείας)이라고 지칭할 수 있다.

24) *PH.* II 14～17.

25) *DL.* IX 106에 따르면, 피론주의의 창시자라고 생각되는 아이네시데모스는 회의주의자가 현상에 따른다고 주장했다.

수동적인 느낌이나 의도적이지 않은 자극의 수용에 의존하는 것이므로, 의문이나 탐구의 대상이 되지 않기 때문이다. 아마도 이런 이유 때문에 어떤 대상이 이러이러하게 혹은 저러저러하게 보인다는 사실은 어느 누구도 의심하지 않는다. 논쟁의 대상이 되는 것은 외부 대상이 실제로도 우리 눈에 보이는 모습 그대로 존재하는가다.

[23] 그러므로 우리는 현상들을 주목하면서, 일상적인 삶의 규칙에 의거하여(κατὰ τὴν βιωτικὴν τήρησιν), 독단적인 믿음을 가지지 않고서(ἀδοξάστως) 살아간다. 왜냐하면 아무런 행동도 하지 않고 있을 수는 없기 때문이다.[26] 일상적인 삶의 기준은 넷으로 나뉜다고 생각된다. 그중 하나가 자연의 인도(ὑφήγησις φύσεως)이고, 다른 하나는 느낌의 필연적 요구(ἀνάγκη πάθων)이며, 또 다른 하나는 법률과 관습의 전통(παράδοσις νόμων τε καὶ ἐθῶν)이고, 마지막은 전문기술의 교육(διδασκαλία τεχνῶ

26) 독단주의자들은 만일 회의주의자가 진리의 기준이 존재하지 않는다고 주장한다면, 어떤 행동이 올바른지 알 수 없고 따라서 아무런 행동도 할 수 없을 것이라고 주장했다. 이런 논변을 행동불가(apraxia) 논변이라고 명명할 수 있는데, 섹스투스는 회의주의자도 정상적인 삶을 영위할 수 있음을 입증하려 하고 있다. 회의주의자에 대한 독단주의자의 이러한 논박과 관련해서는 *DL.* IX 104~105와 Aristocles apud Eusebius, *Praeparatio evangelica* XIV xviii 25~26 참고.

ν)이다. [24] 자연의 인도를 통해서 우리는 본성적으로 감각할 수 있으며 사유할 수 있게 된다. 그리고 느낌의 필연적 요구가 있기 때문에, 배고픔이 우리를 먹을 것으로 인도하고 목마름이 우리를 마실 것으로 인도한다. 한편 법률과 관습의 전통이 있음으로 인해, 우리는 일상생활에서 경건함을 좋은 것으로 여기고 불경함을 나쁜 것으로 받아들이게 된다. 그리고 마지막으로 전문기술의 교육이 있기 때문에, 우리는 전수받은 기술들을 이용해서 살아갈 수 있다. 우리는 이러한 모든 삶의 기준들에 관해 어떠한 독단적 믿음도 없이 기술한다.

12. 회의주의의 목표에 관하여

[25] 다음으로 우리는 회의주의의 길의 목표와 관련해서 논의하고자 한다. '(최종적) 목표'란 '그것으로 인해 다른 모든 것들이 행해지거나 이론적으로 검토되는 반면, 그것 자체는 다른 어떤 목적을 위해서도 행해지거나 검토되지 않는 것' 또는 '욕망의 최종적 대상'을 의미한다. 지금까지 우리는 회의주의의 최종적 목표가 (독단적인) 견해(δόξα: 또는 믿음)와 관련해서는 마음의 평안(ἀταραξία)이며, 우리에게 불가피하게 주어지는 것들과 관련해서는 감정의 순화(μετριοπάθεια)라고 주장했다. [26] 왜냐하면 회의주의자는 감각표상들을 평가해서 어떤 감각표상이 참이고 어떤 감각표상이 거짓인지 파악함으로써 마음의 평안을 얻으려는 목적으로 철학 활동을 시작했으나, (감각표상과 관련된) 상반된 주장들이 동일한 설득력을 가진다는 사실을 발견했으며, 이러한 논쟁을 해결할 수 없기 때문에 결국 판단을 유보하게 된 것이기 때문이다. 그런데 회의주의자가 판단을 유보하자, 뜻밖에도 믿음과 관련된 마음의 평안[27)]이 그에게 생겨났다. [27] 왜냐하면 어떤 사물이 본성적으로 좋거나 나쁘다고 믿는 사람은 늘 불안해

하기 때문이다. 즉 그가 좋다고 여기는 것들이 그의 곁에 있지 않을 때, 그는 본성적으로 나쁜 것들로 인해서 자신이 고통받는다고 생각하며, 그가 판단하기에 좋은 것들을 추구한다. 하지만 그가 원하는 것들을 획득했을 경우, 그는 더욱 큰 고통에 직면하게 된다. 왜냐하면 그는 비이성적이고 정도를 넘어서 과도하게 의기양양해하기 때문이다. 더구나 그는 혹시 상황이 바뀔 수도 있다는 두려움을 가지기 때문에, 스스로 좋다고 여기는 것들을 잃지 않기 위해서 무슨 짓이든 다 할 것이다. [28] 반면 본성적으로 좋거나 나쁜 것들에 관해서 분명한 입장을 결정하지 않은 사람은 어떤 것을 열렬하게 기피하거나 추종하지 않는다. 이 때문에 그는 마음의 평안을 얻는다.

화가 아펠레스[28)]에 관한 일화가 회의주의자에게도 적용된다. 사람들은 말하기를, 아펠레스는 말 그림을 그리면서 입가에 묻은 거품을 그림 속에 묘사하고자 했으나,

---

27) 섹스투스에 따르면 우리가 고통을 겪게 되는 가장 큰 원인은 외부 대상에 대해 잘못된 믿음을 가지고 있기 때문이다. 따라서 마음의 평안을 얻기 위해, 우리는 먼저 외부 대상에 대해 판단을 유보해야 한다. 우리가 독단적 믿음으로부터 자유로워질 때, 마음의 평안이 자연스럽게 잇따른다는 것이 섹스투스의 입장이다.

28) 아펠레스(BC 350?~BC 300) : 알렉산드로스 대왕의 궁정 화가.

그의 노력은 성공적이지 못했다고 한다. 그래서 결국 그는 포기한 나머지, 붓에 묻은 물감을 닦아내는 스펀지를 집어 들고 그림을 향해 던져버렸다. 그런데 스펀지가 그림에 닿았을 때, 거품 모양이 그려졌다. [29] 이와 마찬가지로 회의주의자도 보이는 것들과 생각되는 것들의 불규칙성을 해소함으로써 마음의 평안을 얻고자 했으나, 이런 목적을 이룰 수 없었으므로 판단을 유보했다. 그런데 회의주의자가 판단을 유보했을 때, 마치 물체에 그림자가 따르듯이, 예기치 않게도 마음의 평안이 회의주의자에게 생겨났다.

그러나 우리는 회의주의자가 모든 측면에서 고통받지 않는다고 생각하지는 않는다. 오히려 우리는 회의주의자도 피할 수 없이 강제된 것들에 의해서 고통을 느낀다고 주장한다. 왜냐하면 회의주의자가 때때로 추위를 느끼고 목마름을 느끼며 이러한 종류의 일들을 겪는다는 점을 우리도 인정하기 때문이다. [30] 그러나 이런 경우에도 일반인들은 두 가지 조건에 의해서 괴로워한다. 다시 말해 일반인들은 정념(πάθος) 그 자체로 인해 괴로워하며, 이에 못지않게 자신이 처한 상황이 본성적으로 나쁜 것이라는 생각 때문에 더욱 괴로워한다. 반면 회의주의자는 이런 일들 각각이 본성적으로 나쁜 것이라는 불필요한 믿음을 버렸기 때문에, 위와 같은 어려운 상황에 처하더라도 보다 온건하게(μετριώτερον) 위기를 모면할 수 있다.

그러니까 위와 같은 이유로, 우리는 회의주의자의 최종 목표가 믿음의 문제와 관련해서는 마음의 평안인 한편, 우리에게 불가피하게 강제되는 것들과 관련해서는 감정의 순화라고 주장하는 것이다. 몇몇 저명한 회의주의자들[29]은, 앞서 언급한 목표들에 덧붙여, '탐구에 있어서의 판단유보'를 추가했다.

---

29) *DL.* IX 107에 따르면, 이와 같이 주장한 회의주의자들은 티몬과 아이네시데모스였다.

13. 판단유보에 도달하기 위한 일반적인 논증방식들에 관하여

[31] 마음의 평안은 모든 것들에 대한 판단유보에 뒤이어 생겨난다고 우리가 말했으므로, 다음으로 해야 할 과제는 우리가 어떻게 해야 판단유보를 얻을 수 있는지 설명하는 일이다. 일반적으로 말하자면, 판단유보는 사태들의 대립을 통해 생겨난다고 볼 수 있다. 다시 말해 우리는 현상들(φαινόμενα)에 다른 현상들을 대립시키거나 사유되는 것들(νοούμενα)에 사유되는 것들을 대립시키며, 혹은 이들을 교차시켜 대립시킨다. [32] 가령 "동일한 탑이 멀리서 보기에는 둥글게 보이는데, 가까이 가서 보니 사각형이다"라고 말할 때, 우리는 현상에 다른 현상을 대립시킨다. 또한 사유되는 것에 사유되는 것을 대립시키는 경우는 다음과 같다. 가령 천체의 규칙성으로부터 신의 섭리가 존재함을 증명하려는 자에 대항해서, 우리는 선한 자들이 종종 불운하게 되는 반면 나쁜 자들이 잘산다는 사실을 지적함으로써, 이를 통해 신의 섭리가 존재하지 않는다는 결론을 도출하는 것이다. [33] 한편 아낙사고라스는 눈이 희다는 생각에 대항해서 "눈은 냉동된 물인데, 물은 검은색이

므로, 따라서 눈도 검은색이다"라고 반박했는데, 우리도 동일한 방법을 사용해서, 사유되는 것을 현상과 대립시킨다.

'대립'의 또 다른 의미를 보자면, 우리는 때때로, 위에서 논의한 것처럼, 현재의 일들을 현재의 일들과 대립시키지만, 때로는 현재의 일들을 과거의 일과 대립시키며, 현재의 일을 미래의 일과 대립시키는 경우도 있다. 이를테면, 어떤 이가 우리에게 해결할 수 없는 논변을 제기했을 경우, [34] 우리는 그에게 "당신이 가담한 학파를 창시한 사람이 태어나기 전에는, 당신네 학파의 이론이 아직 타당한 것으로 보이지 않았을 것입니다. 비록 그것이 본성과 관련해서는(ὡς πρὸς τὴν φύσιν) 타당한 것으로 이미 실재했음에도 불구하고 말입니다. 이와 마찬가지로 당신이 지금 제기한 논변에 대항하는 다른 논변이 현재 본성적으로 실재하지만(ὑποκεῖσθαι μὲν ὡς πρὸς τὴν φύσιν), 아직 우리에게 분명히 드러나지 않았을 가능성도 존재합니다. 따라서 우리는 현재 강력하다고 여겨지는 논변에 동의하면 안 됩니다"라고 답변한다.

[35] 하지만 우리가 이러한 대립을 좀 더 정확히 이해할 수 있도록, 나는 판단유보를 야기하는 논증방식들(τρόποι)을 기술할 것이다. 하지만 나는 논증방식들의 수효나 타

당성에 대해서 확언하지 않는다. 왜냐하면 논증방식들이 건전하지 않을 수도 있으며, 내가 언급하는 것보다 숫자가 더 많을 수도 있기 때문이다.

14. 열 개의 논증방식들에 관하여

[36] 일반적으로 과거의 회의주의자들로부터 열 개의 논증방식들(τρόποι)이 전승되었는데,[30] 이러한 논증방식으로 인해서 판단유보가 야기된다고 여겨지며, 회의주의자들은 '논증방식(τρόπος)'이라는 말 대신 '논변(λόγος)' 또는 '논점(τόπος)'을 동의어로 사용했다. 열 개의 논증방식들은 다음과 같다. 첫째, 생물들의 다양성에 기인한 논증, 둘째, 사람들 간의 차이에 기인한 논증, 셋째, 감각기관의 다양한 구조에 기인한 논증, 넷째, 주변 상황에 기인한 논증, 다섯째, 위치(θέσις)와 거리(διάστημα) 그리고 장소(τόπος)에 기인한 논증, 여섯째, 감각의 혼합(ἐπιμιξία: 혹은 매개물)에 기인한 논증, [37] 일곱 번째, 감각 대상들의 양과 구조에 기인한 논증, 여덟 번째, 상대성(πρός τι)에 기인한 논증, 아홉 번째, 발생 또는 조우가 빈번한지 드문지에 기인한 논증, 그리고 마지막은 행동규범[31]과 관

30) Sextus Empiricus, *Adversus Mathematikos* (이하 *M.*) VII 345에서 섹스투스는 열 개의 논증방식을 만든 사람이 아이네시데모스라고 주장하고 있다.

31) 여기서 ἀγωγή는 행동 규범 또는 생활방식을 의미한다. 이와 관련

습, 법률, 신화에 대한 믿음 그리고 독단적인 신념에 기인한 논증이다. [38] 우리는 논증방식들의 위와 같은 순서를, 논증의 편의를 위해서 채택했다.

한편 열 개의 논증방식들의 상위에 세 개의 논증방식이 있는데, 판단하는 주체(κρῖνον)에 근거한 논증과, 판단되는 대상(κρινόμενον)에 근거한 논증, 그리고 주체와 대상 양자에 근거한 논증이 그것이다. 앞서 언급한 열 개의 논증 중 처음 넷은 주체에 기인한 논증에 속하고 — 왜냐하면 동물과 사람, 감각 그리고 어떤 상황에 처한 자는 판단하는 주체이기 때문이다 —, 일곱 번째 논증방식과 열 번째 논증방식은 판단되는 대상에 기인한 논증방식에 속하며, 다섯 번째 논증방식과 여섯 번째 논증방식, 그리고 여덟 번째 논증방식 및 아홉 번째 논증방식은 주체와 객체 양자에 기인한 논증방식에 속한다. [39] 그런데 세 가지 논증방식[32]은 다시 상대성 (πρός τι)에 기인한 논증방식에 속한다고 간주된다. 따라서 우리는 상대성에 기인한 논증방식을 논증방식의 최고류 (γενικώτατος)라고 생각할 수

된 보다 자세한 논의는 *PH.* I 145 참고.

32) 다시 말해 판단 주체에 근거한 논증과, 판단 대상에 근거한 논증, 그리고 주체와 대상 양자에 근거한 논증.

있으며, 세 가지 논증방식을 종(εἰδικοί)으로, 그리고 열 개의 논증방식을 하위종 (ὑποβεβηκότες)으로 간주할 수 있다.

이렇게 해서 우리는 논증방식들의 수효에 관해 그럴듯한 설명을 제시했다. 다음으로 논증방식들의 타당성에 대해 논의해 보자.

[40] 먼저 첫 번째 논증방식은—이미 우리가 말한 바 있듯이—생물들 간의 차이로 인해, 동일한 감각 대상으로부터 동일한 감각표상이 생겨나지 않는다는 논변이다. 우리는 이러한 결론을, 생물들이 탄생되는 방식의 차이와 생물들의 신체 구조의 다양성으로부터 도출해 낸다. [41] 생물들의 탄생에 관해 살펴보면, 어떤 생물들은 암수의 성적 결합이 없이 태어나고, 다른 생물들은 암수의 교접에 의해 태어나며, 암수의 성적 결합 없이 태어나는 생물들 중 어떤 것들은 화덕에서 생기는 작은 생명체들처럼 불로부터 생겨나고, 다른 생물들은 모기들처럼 괴어 있는 물에서 태어나며, 또 다른 생물들은 각다귀처럼 식초로 변한 포도주에서 생겨난다. 한편 메뚜기처럼 흙에서 태어나는 생물도 있고, 개구리처럼 습지에서 생겨나는 생물도 있으며, 지렁이처럼 진흙에서 생겨나는 생물도 있다. 그리고 어떤 동물들은 풍뎅이처럼 당나귀에서 생겨나고, 다른 동물들

은 나비 유충처럼 채소에서 태어나며, 야생 무화과나무에 살면서 벌레혹을 형성하는 곤충처럼 과일에서 태어나는 생물들도 있고, 꿀벌이 황소에서 생겨나고 말벌이 말에서 생겨나듯이 부패한 동물로부터 생겨나는 생물도 있다. [42] 한편 암수 교접에 의해 탄생하는 생물들 중에서 대부분의 생물들은 같은 종(種)의 부모에게서 태어나지만, 노새처럼 부계와 모계의 종(種)이 다른 경우도 있다. 또한 일반적으로 생물들 중 어떤 것들은 인간처럼 태생(胎生)이지만, 어떤 생물들은 조류처럼 난생(卵生)이며, 곰처럼 한 줌의 살덩이로 태어나는 생물도 있다.[33]

[43] 그렇다면 생명체들의 탄생 방식이 동일하지 않고 이처럼 다양하다는 사실은 아마도 감각을 수용하는 방식에 있어서도 큰 차이를 만드는 듯하다. 또한 같은 이유로 인해 불친화, 부조화 그리고 갈등이 생겨나는 듯하다. [44] 하지만 신체 중 가장 중요한 부분에 있어서의 차이, 특히 본성적으로 판단하고 감각하는 데 적합한 부분들의 차이는 감각표상을 얻는 데 있어 매우 큰 차이를 낳는다.[34] 이

33) 곰이 한 줌의 살덩이로 태어난다는 것은 당시 희랍에서 통용되던 속설이었다고 한다.

34) 원문에는 이 문장 뒤에 παρὰ τὴν τῶν ζώων παραλλαγήν('생물들의 차이 혹은 다양성으로 인해서')라는 구절이 있으나, Mutschmann

때문에 황달에 걸린 사람은 우리에게 하얗게 보이는 대상을 누런색이라고 주장하며, 눈이 충혈된 사람은 흰색 대상이 핏빛이라고 말하는 것이다. 그렇다면 생물들 중에서도, 어떤 생물들은 노란 눈을 가졌고, 다른 생물들은 핏발이 선 눈을 가지고 있으며, 무색의 눈을 가진 생물도 있고, 그 밖의 다른 색의 눈을 가진 생물도 있으므로, 내가 보기에는 아마도 생물들의 색깔 인식도 서로 다를 것이라고 생각된다. [45] 더구나 태양을 오랜 시간 뚫어지게 쳐다보고 난 후에 허리를 굽혀 책을 바라보면, 글씨가 황금빛으로 보이고 뱅글뱅글 도는 듯하다. 그렇다면 어떤 동물들은 자연적으로 눈의 광채를 가지며 눈에서 미세하고 활동성이 큰 빛을 발산하기 때문에 밤에도 볼 수 있다는 사실을 고려할 때, 우리는 마땅히 이러한 생물들이 우리와는 상이한 자극을 외부 대상으로부터 받아들일 것이라고 생각해야 한다.

[47] 또한 우리가 눈알을 한쪽으로 누르면, 시각 대상의 모양과 형태 그리고 크기가 길쭉해지고 가름해 보인다. 그렇다면 필경 염소나 고양이 그리고 이와 유사한 동물들

은 이 부분을 삭제했다. 이 구절이 없어도 해석하는 데 전혀 지장이 없으므로 대부분의 주석가들은 Mutschmann의 견해를 받아들이고 있다.

처럼 눈동자가 비스듬하고 길쭉한 동물들은, 둥근 눈동자를 가진 동물들이 대상들을 파악하는 것과는 다른 방식으로 외부 대상들을 감각할 것이다.

[48] 한편 거울의 경우도, 그 구조의 차이로 인해서, 어떤 때는 오목거울처럼 외부 대상을 실제보다 더 작게 보이게 하는 반면, 다른 때는 볼록 거울처럼 대상을 더 길쭉하고 가늘게 보여준다. 어떤 거울은 거꾸로 된 영상, 즉 대상의 머리가 바닥에 있고 발은 위에 있는 영상을 보여준다. [49] 그렇다면 어떤 생물의 시각 기관은 볼록하게 생겼기 때문에 몸 밖으로 완전히 돌출해 있는 반면, 다른 생물들의 시각 기관은 오목하게 안으로 들어가 있고, 또 다른 생물들의 시각 기관은 평평하다는 사실을 볼 때, 이러한 요인도 생물들이 서로 다른 감각표상을 가지게 하는 원인이 되는 듯하며, 이 때문에 개와 물고기, 사자, 사람 그리고 메뚜기가 동일한 대상을 크기나 모양에 있어서 서로 같거나 유사하지 않게 감각한다고 생각된다. 이들이 대상을 어떻게 감각하는가는 각각의 경우 감각표상을 수용하는 눈이 어떤 영상을 만들어내는가에 의해 좌우된다.

[50] 시각 이외의 다른 감각과 관련해서도 동일한 논의가 적용된다. 가령 촉각의 경우, 어떻게 조개껍질에 싸여 있는 생물과, 피부에 살이 붙어 있는 생물, 가시 돋친 생물

과 깃털 달린 생물 그리고 비늘 덮인 생물이 동일한 촉각을 느낀다고 말할 수 있겠는가? 또한 청각의 경우, 소리가 전달되는 통로(πόρος)[35]가 좁은 생물이 어떻게 넓은 청각 통로를 가진 생물과 동일한 청각 정보를 수용할 수 있겠는가? 또는 어떻게 귀에 털이 무성한 동물이 맨송맨송한 귀를 가진 동물과 동일한 소리를 듣는다고 볼 수 있겠는가? 이를테면, 우리가 귀를 꽉 막고서 소리를 들을 때와 평상시처럼 소리를 들을 때, 소리가 다르게 들리는 것과 같은 이치다.

[52] 맛의 경우도 이와 마찬가지다. 어떤 동물들의 혀는 거칠고 건조한 반면, 다른 동물들의 혀는 대단히 축축하다. 우리 자신도, 열이 나서 혀가 평상시보다 건조할 경우에는, 주어진 음식 맛이 투박하고 입에 맞지 않거나 심지어 쓰다고 생각한다. 우리가 이러한 증상을 겪는 원인은 우리 몸속에 들어 있다고 말해지는 체액[36] 중 어떤 것이 우리 몸을 지배하고 있는가 하는 차이 때문이다. 그렇다

35) 감각기관으로부터 뇌까지 감각 정보가 전달되는 통로.

36) 섹스투스는 신체가 네 종류의 체액(χυμός: 피, 황색 담즙, 검은색 담즙, 점액)으로 구성되며, 이들의 구성 비율에 의해 생물의 신체적, 정신적 상태가 결정된다고 생각했다. 네 가지 체액과 관련해서는 *PH.* I 51, 52, 71, 80, 102, 128 참고.

면 동물들은 서로 다른 미각기관을 가지고 있으며, 여기에는 서로 다른 체액이 우세하므로, 각 동물들은 맛에 있어서도 외부 대상에 대해 서로 상이한 감각표상을 얻는 것이다.

[53] 동일한 영양분이 소화되었을 때, 어떤 곳으로 가면 정맥이 되고 다른 곳으로 가면 동맥이 되며 또 다른 곳으로 가면 뼈나 근육 및 몸의 각 부분이 되는데, 이런 현상은 양분을 흡수하는 신체 각 부분들의 차이 때문에 양분이 상이한 효력을 발휘해서 생겨난 것이다. 또한 동일한 한 종류의 물이 나무에 흡수되었을 때, 어떤 곳으로 가면 나무껍질이 되고 다른 곳으로 가면 가지가 되며 또 다른 곳으로 가면 열매가 되어서, 무화과나 석류 또는 다른 과일로 열매 맺듯이, [54] 그리고 플루트에 분 음악 연주자의 입김이 하나의 동일한 숨결임에도 불구하고 어떤 곳으로 가면 높은 음을 내고 다른 곳으로 가면 낮은 음을 내며, 음악가의 손이 리라의 줄을 튕겼을 때 줄을 튕기는 동작은 동일하지만 어떤 곳에서는 저음을 내는 반면 다른 곳에서는 고음을 내는 것처럼, 이와 마찬가지로 감각표상을 받아들이는 생물들의 신체 구조가 서로 다르므로 외부 대상이 각 생물에게 서로 다르게 감각될 것임이 이치에 합당하다.

[55] 하지만 생물들이 어떤 것을 선호하거나 기피하는

지 살펴본다면, 우리는 위와 같은 사실을 보다 명확히 알 수 있다. 가령 향유는 사람들을 매우 즐겁게 하는 것으로 생각되지만, 풍뎅이나 꿀벌에게는 견디기 힘든 것이다. 또한 올리브기름은 사람들에게 이롭지만, 말벌이나 꿀벌에 올리브기름을 뿌리면 죽게 된다. 한편 바닷물은 사람이 마시기에 적합하지 않으며 해롭기까지 하나, 물고기에게는 매우 쾌적하며 마셔도 무방하다. [56] 돼지들도 맑고 깨끗한 물보다는 악취가 심하게 풍기는 진흙탕에서 뒹구는 것을 더 즐긴다. 생물들 중에서도, 어떤 생물들은 풀을 먹고, 다른 생물들은 관목을 먹고 살며, 나무를 먹고 사는 생물도 있고, 씨앗을 먹고 사는 생물도 있으며, 어떤 생물들은 육식을 하거나 우유를 먹고 산다. 어떤 생물은 썩은 음식을 좋아하는 반면, 다른 생물은 신선한 음식을 선호하며, 어떤 생물은 날 음식을 좋아하는 한편 다른 생물은 조리된 음식을 좋아한다. 따라서 일반적으로 말하자면, 어떤 생물을 즐겁게 하는 것들이 다른 생물들에게는 역겹고 비위에 거슬리며 심지어 치명적이기까지 하다. …이와 유사한 사례들은 지금 언급한 것보다 훨씬 더 많이 있다. 하지만 우리가 필요한 것 이상으로 장광설을 늘어놓는다는 인상을 주지 않도록, 요점만 정리해 보겠다. 만일 동일한 대상이 어떤 생물에게는 불쾌한 반면 다른 생물에게는 유쾌하게 생각되며, 유쾌함과 불쾌함이 감각표상에 의존하는 것이라면, 각각의 생물들은 외부 대상에 대해서 서로 다른 감각표상을 얻는다.

[59] 만일 생물들의 다양성으로 인해서, 동일한 대상이 (서로 다른 생물들에게) 다르게 보인다면, 우리는 외부 대상이 우리에게 어떻게 보이는지는 언표할 수 있지만, 그 대상이 본성에 있어서 어떠한 것인지와 관련해서는 판단을 유보할 것이다. 왜냐하면 우리는 우리들 자신의 감각표상과 다른 생물들의 감각표상 가운데 어떤 것을 택해야 할지 우리 스스로 판가름할 수 없기 때문이다. 즉 우리 자신이 논쟁의 당사자이기 때문에, 우리 스스로 판단하기에 적합하다기보다는 논쟁을 판가름해 줄 제3의 심판관을 필요로 하는 것이다. [60] 더구나 우리는, 증거가 있건 없건 간에, 다른 비이성적 생물들에게 생겨나는 감각표상보다 우리 자신의 감각표상을 더 선호할 수 없다. 그 이유는 다음과 같다. 우리가 나중에 다시 논의하게 되겠지만,[37] 증거[38]라는 것이 존재하지 않을 가능성도 있을 뿐더러, 소위 증명 혹은 증거라는 것 자체가 우리에게 명백한 것이거

---

37) *PH.* II 134~92.

38) ἀπόδειξις : 또는 증명.

나 명백하지 않는 것일 텐데, 만일 증거가 명백하지 않은 것이라면 우리는 이러한 증거를 믿고서 (올바른 증거로) 채택할 수 없을 것이고, 반대로 증거가 우리에게 명백하다고 하더라도, 현재 의문의 대상이 되고 있는 주제가 바로 생물들에게 명백하게 보이는 것(φαινόμενα: 현상들)이며, 증거라는 것도 생물 중 하나인 인간에게 현상되는 것이므로, 우리는 증거가 명백하게 보이는 것과 마찬가지로 참이기도 한 것인지 검토해야 하기 때문이다. [61] 현재 탐구 대상이 되고 있는 현안을 통해, 탐구되고 있는 문제를 해결해 보고자 노력하는 일은 불합리하다. 왜냐하면 그럴 경우, 동일한 대상이 믿을 만한 동시에 믿을 만하지 않게 될 것인데 – 다시 말해 그것이 증거를 제공하고자 한다는 점에서 믿을 만한 반면 아직 증명이 완료되지 않았다는 점에서 믿을 만하지 않다 –, 이런 일은 불가능하기 때문이다.[39] 이런 이유로 우리는 비이성적이라고 말해지는 생물들에게 생겨나는 감각표상보다 우리 자신의 감각표상을

---

39) 섹스투스는 인간의 감각표상이 다른 동물들의 감각표상보다 더 나은지 결정할 수 없으므로, 한마디로 감각표상은 믿을 만한 증거가 될 수 없다고 간주하고 있다. 섹스투스에 따르면, 아직 정당성이 증명되지 않은 감각표상을 논변의 증거로 사용하는 것은 선결문제 요구의 오류를 범하게 된다.

선호해야 함을 입증해 주는 증거를 획득할 수 없다. 만약 이처럼 생물들의 다양성으로 인해서 각 생물들의 감각표상이 서로 다르게 되고, 이러한 여러 감각표상 중 어떤 것을 택해야 할지 판가름할 수 없다면, 우리는 외부 대상에 관해서 반드시 판단을 유보해야 할 것이다.

[62] 한편 우리는 추가논변(περιουσία)[40]을 통해서, 비이성적이라고 말해지는 생물들을 감각표상과 관련해서 사람과 비교하고자 한다. …가령 여러분이 괜찮다고 생각한다면, 가장 가치 없다고 여겨지는 동물인 개를 예로 들어 보자. 왜냐하면 우리는 이렇게 하등한 동물에 있어서도, 논의 대상인 동물이 감각표상의 믿을 만함과 관련해서 우리보다 열등하지 않다는 사실을 발견할 것이기 때문이다.

[64] 이 동물[41]이 감각의 측면에서 우리를 능가한다는 점은 심지어 독단주의자들도 인정하는 바다. 또한 개는 후각에 있어서 우리보다 민감하게 냄새를 인지한다. 왜냐하면 개는 눈에 보이지 않는 야생동물에 대해서도 후각을

---

40) 어떤 문제에 대해 심각하게 논의한 후에 논의를 마무리 지을 때 사용하는 익살맞은 논변 방식.

41) 즉 개.

통해 추적할 수 있기 때문이다. 더구나 시각에 있어서도 개가 우리보다 빨리 물체를 감각하며, 청각적으로도 훨씬 예리하게 소리를 지각한다.

[65] 그러면 이제 합리적 추론(λόγος)에 대해 살펴보자. 합리적 추론 중 하나는 마음속에 내재하는 것(ἐνδιάθετος)인 반면, 다른 하나는 외부로 언표된 것(προφορικός)이다.[42] 우선 내면적인 추론에 대해 살펴보자. 현재 우리의 가장 주요한 논적(論敵)인 독단주의자들, 즉 스토아학파에 따르면, 내면적인 추론은 다음과 같은 것들을 그 내용으로 포괄하고 있다. 자신에게 고유한 것들(οἰκεῖα)[43]을 선택하고 이질적인 것들을 기피함, 선택 및 기피와 관련된 전문적인 앎을 가짐, 자신의 고유한 본성에 적합한(κατὰ τὴν οἰκείαν φύσιν) 탁월함(ἀρέτη)의 획득 및 정념(πάθος)과 관련된 탁월함의 획득.

[66] 우리가 개를 예로 들어 논의를 전개해 나가는 것이 좋겠다고 생각했으므로, 개와 관련해서 이야기해 보자면, 개는 자신에게 적절한 것들(οἰκεῖα)을 선택하는 반면 스

---

42) 우리는 내재적인 추론을 '사고'라고 부를 수 있으며, 외부로 언표된 추론은 '말'이라고 이름 붙일 수 있다.

43) 또는 자신과 잘 맞는 것들, 자신에게 적절한 것들.

스로에게 해가 되는 것은 기피한다. 이 때문에 음식은 따라가는 반면, 쳐든 채찍은 피하는 것이다. 더구나 개는 자신에게 적절한 것들을 제공해 줄 수 있는 기술(τέχνη ποριστικὴ τῶν οἰκείων), 즉 사냥술을 가지고 있다. [67] 한편 개는 탁월함(ἀρέτη)[44]을 결여하고 있지도 않다. 만일 정의라는 것이 각자에게 자신의 자격(ἀξία: 가치)에 따라 분배하는 것이라고 본다면, 개도 자기 집안 식구들(τοὺς οἰκείους)과 자기에게 잘 대해주는 사람들에게는 아양을 떨고 이들을 지켜주는 한편, 자기 집 식구가 아닌 사람이나 자신을 해치는 자들은 몰아낸다는 점을 볼 때, 정의를 결핍하고 있을 리 없다. [68] 하지만 만일 개가 정의감을 가지고 있다면, 탁월함(또는 덕성)이라는 것은 서로 잇따르는 것[45]이므로, 개는 다른 모든 탁월함들 – 지혜로운 자들[46]은 대부분의 사람들이 이러한 능력을 보유하고 있지 않다고 주장하지만 – 또한 가지게 되는 것이다. 개는 용감하다. 왜냐하면 우리는 개가 적들을 몰아내는 광경을 볼 수 있기 때문이다. 또한 개는 영리하다. 호메로스도 이런

44) 또는 덕성.

45) 스토아학파의 주장. 이러한 견해에 관해서는 *DL.* VII 125 및 Plurarch, *De Stoicorum repugnantiis* 1046E 참고.

46) 스토아 철학자들을 가리킴.

사실을 증언해 주고 있다. 즉 호메로스가 노래한 바에 의하면, (오디세우스가 집으로 돌아왔을 때) 다른 모든 식구들은 오디세우스를 알아보지 못했지만, 오직 오디세우스의 개 아르고스만이 그를 알아보았다.[47] 다시 말해 아르고스는 사람의 신체상 변화에 의해 기만당하지 않았으며, '대상을 분명히 인식하게 하는 감각표상(καταλεπτικὴ φαντασία)'[48]을 잃어버리지도 않았다. 아르고스는 이러한 감각표상을 사람보다 훨씬 잘 간직했던 것처럼 보인다. [69] 비이성적 동물에 대해 특별히 적대적인 태도를 보였던 크리시포스[49]에 따르면, 그토록 유명한 변증술(διαλε

---

47) Homer, *Odyssea* XVII 300.

48) 스토아학파에 따르면 모든 앎은 감각으로부터 출발한다. 그런데 모든 감각표상이 참이고 사실적이라고 주장한 에피쿠로스학파와는 달리, 스토아학파는 감각표상(φαντασία) 중에는 참인 것도 있는 반면, 거짓인 감각표상도 있다고 주장한다. 한편 참인 감각표상 중 어떤 것은 너무나 생생하게 우리 마음에 각인된 것이기 때문에 거짓일 수 없는데, '대상을 분명히 인식하게 하는 감각표상(καταλεπτικὴ φαντασία)'이 바로 그것이다. 우리가 이처럼 명석 판명한 감각표상을 얻었을 때 우리는 우리의 감각표상이 옳은 것이라고 판단을 내리는데, 이러한 동의 혹은 판단을 스토아학파는 '인식(κατάληψις)'이라고 불렀다. 올바른 앎(ἐπιστημη)이란 인식의 정합적 체계다.

49) 크리시포스는 스토아철학 이론 체계를 완성한 철학자다. 그래서 후대인들은 "크리시포스가 없었다면 스토아학파가 없었을 것이다"라

κτική) 능력을 개도 나누어 가지고 있다. 우리의 철학자(즉 크리시포스)는 개가 몇 개의 선언지로 구성된, 증명되지 않는 추론 방식(ἀναπόδεικτος) 중 다섯 번째 방식을 사용하고 있다고 주장한다.[50] 즉 삼거리에 이르게 되었을 때, 개는 야생동물이 지나가지 않은 두 길을 냄새로 확인한 후, 냄새도 맡지 않고 곧바로 세 번째 길을 따라가는 것이다. 예전의 철학자는 말한다. 개가 이런 행동을 보이는 까닭은 사실상 다음과 같이 추론하기 때문이다. "그 짐승이 이 길로 가거나 저 길로 가거나 제3의 길로 갔다. 그런데 그 짐승은 이 길로 가지도 않았고 저 길로 가지도 않았다. 그렇다면 그 짐승은 제3의 길로 갔다."

[70] 한편 개는 자신의 느낌(또는 고통)을 인지할 수도 있으며, 누그러뜨릴 수도 있다. 가령 가시가 발에 박혔을 때, 개는 발을 땅에다 문지르거나 이빨을 사용해서 서둘러

고 평가했다. 그는 동물들이 이성이나 탁월함을 결여하고 있다고 주장했다. Porphry, *De abstinentia* III xii 5 참고.

50) 스토아학파는 추론이 그 자체로는 더 이상 증명을 필요로 하지 않으면서 다른 진술들을 증명해 주기 때문에 '증명되지 않는 것(ἀναπόδεικτος)'이라고 불렀다. 또한 스토아학파에 따르면 추론 방식은 다섯 가지인데, 그중 '몇 개의 선언지로 구성된' 추론은 다음과 같은 형태다. 'A이거나 B이거나 C다. 그런데 A도 아니고 B도 아니다. 따라서 C다.' 다섯 가지 추론 방식과 관련해서는 *PH.* II 157~158 참고.

가시를 뽑아내려고 한다. 또한 상처 주변이 더러우면 치료가 힘든 반면 깨끗하면 쉽게 치료할 수 있으므로, 어떤 곳에 상처가 났을 경우 개는 쌓인 고름을 부드럽게 핥아낸다. [71] 아닌 게 아니라, 개는 히포크라테스의 처방술을 정말로 잘 준수한다. 발의 상처를 치료하는 요령은 발을 쉬게 하는 것이다. 그래서 개는 발에 상처나 났을 때마다 발을 들어 올려서 가능한 한 자극을 덜 주게 한다. 한편 몸에 맞지 않는 체액으로 인해 곤란을 겪을 때, 개는 풀을 먹는데, 이를 통해서 자기 몸에 맞지 않는 것을 토해냄으로써 건강을 회복하게 된다.

[72] 이처럼 우리는 동물의 사례를 통해서 논의를 전개했는데, 만일 동물도 자신에게 적절한 것(οἰκεῖα)을 선택하고 자신에게 해가 되는 것을 기피하며, 자신에게 적절한 것들을 얻게 해주는 전문적 능력(τέχνη)을 소유하고 있으며, 자신의 정념(πάθος)을 인지하는 동시에 누그러뜨릴 수도 있을 뿐 아니라, 탁월함(ἀρέτη)을 결여하고 있지도 않은 듯 생각된다면, 바로 이러한 것들에 의해서 내면적인 추론의 완성도가 결정되는 것이므로, 결국 개도 이런 측면에 있어서 완전하다고 말할 수 있다. 내가 생각하기에는, 철학에 종사하는 사람들 중 어떤 이들도 바로 이와 같은 이유로 이 동물의 명칭으로써 스스로를 지칭하면서 영광

스럽게 여겼던 것 같다.[51]

[73] 한편 외부로 언표된 합리적 추론에 대해서는 지금 여기에서 논의할 필요가 없다. 왜냐하면 독단주의자들 가운데 몇몇 사람도 외부로 언표된 추론 방식이 탁월함을 획득하는 데 저해 요인이라고 생각하고 이런 추론을 거부했기 때문이다. 이런 이유 때문에 그들은 교육 기간 동안 침묵하는 훈련을 했다.[52] 더구나 어떤 사람이 벙어리라고 가정할 때, 어느 누구도 그를 비이성적이라고 말하지 않을 것이다. 하지만 이런 문제는 제쳐두더라도, 우리는 지금 논의의 대상이 되는 동물이 인간의 음성을 낸다는 사실을 목격할 수 있다. 가령 어치나 그 밖의 몇몇 동물들이 이런 능력을 가지고 있다. [74] 이런 문제도 논외로 하겠다. 하지만 설령 우리가 소위 비이성적이라고 일컬어지는 동물들의 소리를 이해하지 못할지라도, 그 동물들도 대화를 하나, 단지 우리가 이해하지 못할 개연성도 배제할 수 없다. 왜냐하면 우리가 외국 사람들의 음성을 들을 때, 우리는

---

51) 견유학파(κυνικοί)를 가리킨다. 본래 희랍어 κύων은 '개'를 의미하는 단어였는데, 견유학파 철학자들은 개처럼 길에서 먹고 잤기 때문에 이런 명칭을 얻게 되었다. *DL.* VI 13 참고.

52) 여기서 섹스투스는 피타고라스의 침묵 규율(ἐχεμυθία)을 가리키는 듯하다. *DL.* VIII 10 및 Porphry, *Vita Pythagorae* 19 참고.

그 말이 무슨 뜻인지 이해하지 못하며, 이들의 음성이 우리에게는 단순히 비분절적인 잡음으로 들리기 때문이다. [75] 한편 우리는 개가 사람들을 몰아낼 때 내는 음성과, 울부짖을 때 내는 음성, 그리고 매 맞을 때 내는 음성이 각각 다르며, 아양 부릴 때는 완전히 다른 소리를 내는 것을 들을 수 있다. 일반적으로 말해서, 우리가 이런 문제에 대해서 면밀히 검토한다면, 개의 경우에서뿐 아니라 다른 동물들의 경우에 있어서도, 다양한 상황 하에서 매우 상이한 음성들이 배출된다는 사실을 발견할 수 있다. 이렇게 볼 때, 비이성적이라고 말해지는 동물들도 외부로 언표되는 추론(혹은 말)을 소유한다고 말하는 것이 합당할 것이다.

[76] 하지만 만일 동물들이 감각의 정확성에 있어서도 사람에 뒤지지 않으며, 내면적인 추론이나 더 나아가－추가논변(περιουσία)을 통해 말했을 때－외부로 언표된 추론에 있어서도 사람에 못지않다면, 감각표상(φαντασία)의 관점에 있어서 동물들이 우리보다 믿을 만하지 않다고 보기 힘들 것이다. [77] 또한 아마도 우리는 비이성적인 생물들 중 아무것에나 근거해서 논의를 전개하더라도 위와 같은 사실을 입증할 수 있을 것이다. 이를테면, 새들이 명민함에 있어서 뛰어날 뿐더러 외부로 언표되는 추론도 사용할 수 있다는 것을 어느 누가 부인하겠는가? 왜냐하면

새들은 현재의 일뿐 아니라 미래의 일들도 알고 있기 때문이다. 또한 새들은 다양한 신호를 보내고 특히 울음소리를 냄으로써, 이런 신호들의 의미를 이해할 수 있는 사람들에게 새들 자신이 알고 있는 바를 전달해 주기 때문이다.

[78] 이미 앞에서도 지적한 바 있듯이,[53] 나는 추가논변을 통해서 위와 같은 비교[54]를 시도했으며, 내가 생각하기에는 우리가 우리 자신의 감각표상을 비이성적인 생물들에게서 생기는 감각표상보다 더 낫다고 여길 수 없다는 사실이 이미 충분히 입증된 듯하다. 하지만 만일 감각표상에 대한 평가와 관련해서, 비이성적인 생물들이 우리에 못지않게 믿을 만하다면, 또한 생물들의 다양성으로 인해서 서로 다른 감각표상들이 (각각의 생물에게) 생겨난다면, 나는 비록 외부 대상 각각이 **나에게** 어떻게 보이는가에 관해서는 말할 수 있겠지만, 위에서 말한 이유로 인해서,[55] 그 대상이 **본성상** 어떠한 것인가에 관해서는 판단을

---

53) *PH.* I 62.

54) 즉 비이성적인 동물들의 감각표상과 인간의 감각표상에 대한 비교.

55) 외부 대상이 각각의 생물들에게 상이하게 보이며, 어떤 생물의 감각표상이 더 나은지 판별할 기준이 없기 때문에.

유보해야만 할 것이다.

[79] 우리를 판단유보(ἐποχή)로 이끄는 첫 번째 논증방식(τρόπος)이 바로 위와 같은 것이다. 한편 두 번째 논증방식은, 우리가 말한 바와 같이, 사람들의 차이에 기인한 논증이다. 왜냐하면 만일 우리가 한발 양보해서, 사람이 다른 생물들보다 (감각에 있어서) 더 믿을 만하다고 가정하더라도, 우리는 인간 자신의 다양성이 결국 판단유보를 야기한다는 사실을 발견할 것이기 때문이다. 인간을 구성하는 두 요소는 마음과 몸이라고 말해지는데, 육체적, 정신적 측면 모두와 관련해서 사람들은 서로 다르다. 예를 들어, 몸과 관련해서, 우리는 외형이나 체질(ἰδιοσυγκρασίαι)[56]에 있어 서로 다르다. [80] 즉 스키타이인과 인도 사람의 몸은 외형상 서로 다르며, 사람들이 말하는 바에 따르면, 이러한 다양성은 어떤 체액이 지배적인가 하는 차이에서 비롯된다고 한다. 또한 지배적인 체액이 어떤 것인가 하는 차이로 인해서, 이미 우리가 첫 번째 논증방식을 논의하면서 밝힌 바 있듯이,[57] 감각표상의 다양성 또한

---

56) 사람들은 저마다 체액의 구성 비율이 다르다. 당시 의사들은 개인의 고유한 체액 성분비를 ἰδιοσυγκρασίαι라고 불렀다. Galen, *De methodo medendi* X 209 참고.

57) *PH.* I 52.

생겨난다. 더구나 이러한 체액 구성 비율의 차이로 인해서, 외부 대상을 선택하고 기피하는 일에 있어서도 큰 차이가 발생한다. 왜냐하면 인도 사람들이 즐기는 것과 우리나라 사람들이 즐기는 것은 서로 다르며, 이처럼 사람들이 서로 다른 대상들로 인해 즐거워하는 현상은 사람들이 외부 대상으로부터 다양한 감각표상을 얻는다는 사실을 입증해 주기 때문이다.

[81] 한편 사람들은 체질적으로 서로 다르기 때문에, 어떤 이들은 육봉어(陸封魚)보다도 쇠고기를 더 잘 소화시키며, 혹은 레스보스에서 나는 가벼운 포도주를 마시고 설사가 나기도 한다. 또한 사람들이 전하는 바에 따르면, 아티카 지방의 어떤 늙은 여인은 독당근을 30드램(ὁλκή)[58]이나 섭취했으나 무사했다고 하며, 리시스는 4드램의 아편을 삼켰지만 해를 입지 않았다고 한다. [82] 알렉산드로스의 식사 시중을 들었던 데모폰은 햇볕을 쬐거나 뜨거운 목욕탕에 들어가더라도 덜덜 떨었지만, 그늘 속에서는 온기를 느꼈다. 한편 아르고스 사람 아테나고라스는 전갈에 쏘이거나 독거미에게 물렸을 때도 다치지 않았다.

---

58) ὁλκη는 본래 '끌어당김' 또는 '저울로 닮'을 의미하는데, 여기서는 1드램(dram 또는 drachm)의 무게 단위를 가리킨다. 1드램은 대략 1/8 온스 정도.

[85] 이처럼 사람들 사이에는 신체적인 다양성이 존재하므로－독단주의자들이 제공해 주는 많은 사례 중에서 일부만을 언급하는 것으로 충분할 것이다－사람들은 아마도 정신적 측면에 있어서도 서로 다를 것이다. 왜냐하면 관상학적 지혜가 입증해 주는 것처럼, 몸이란 마음의 반영 (τύπος)이기 때문이다.[59)]

사람들이 사고적 측면(διάνοια)과 관련해서 매우－심지어 무한할 정도로－다양하다는 사실을 보여주는 가장 유력한 증거는, 독단주의자들이 여러 문제에 대해서, 특히 우리가 어떤 것을 선택하고 어떤 것을 기피해야 하는가에 관해 다양한 주장을 제기하고 있다는 사실이다. [86] 이 문제와 관련해서 시인들도 적절한 견해를 피력했다고 생각된다. 이를테면 핀다로스는 말한다.[60)]

> "어떤 이는 기뻐한다. 폭풍처럼 빠른 발을 가진 말들의 영예와 화환으로 인해서…
> 그리고 다른 이들은 황금으로 뒤덮인 아름다운 방

---

59) *PH.* II 101에 따르면, 몸의 움직임은 마음을 나타내주는 징표 또는 표지다.

60) H. Maehler(post B. Snell), *Pindari carmina cum fragmantis*, pt.2, 4th ed., (Leipzig: Teubner, 1975), Fr. 221.

에서 사는 일을 기뻐하며,
또 다른 사람은 즐거워한다. 물결치는 바다 위에
빠른 배를 타고 항해하는 것을…."

한편 다른 시인은 말한다.[61]

"서로 다른 사람들이 서로 다른 일들로 인해 기뻐한다."

비극 또한 이와 유사한 구절들로 가득하다. 이를테면,

"만일 모든 이에게 동일한 대상이 아름답고 또한 현명했더라면,
사람들 사이에 논쟁을 불러일으키는 불화가 없었을 것이다."[62]

다른 비극에는 다음과 같은 구절이 있다.

---

61) Homer, *Odyssea* XIV 228. Virgil, *Eclogae* Ⅱ 65도 참고.

62) Euripides, *Phoenissae* 499～500.

"이상한 일이로다. 동일한 대상이 어떤 죽음을 피할 수 없는 존재들[63] 중 어떤 이들에게는 즐거운 반면, 다른 이들에게는 혐오스러우니 말이다."[64]

[87] 그렇다면 선택과 기피가 즐거움과 불쾌함은 다시 감각(αἴσθησις)과 감각표상(φαντασία)에 의존한다는 점을 고려할 때, 동일한 대상을 어떤 사람은 선택하는 반면 다른 사람은 기피할 경우, 우리는 이들이 동일한 대상으로부터 서로 다른 영향을 받는다고 추론해야 한다. 왜냐하면 그렇지 않았다면 이들이 동일한 대상을 같은 방식으로 선택하거나 기피했을 것이기 때문이다. 그런데 만일 사람들의 다양성에 따라서 동일한 대상이 각 사람에게 상이한 영향을 행사한다면, 이런 경우에도 판단유보(ἐποχή)가 도입되는 것이 합리적이다. 왜냐하면 아마도 우리는 각각의 외부 대상이－각 대상의 다양성과 관련해서－**우리에게 어떻게 보이는가** 말할 수는 있지만, 그 대상이 **본성상 어떠한 것인지**는 단언할 수 없을 것이기 때문이다.

---

63) βροτοί : 즉 사람들.

64) August Nauck, *Fragmenta Tragicorum Graecorum*, (Leipzig: Teubner, 1889), adesp. 462.

[88] 왜냐하면 우리는 모든 사람을 신용하거나 적어도 몇몇 사람들을 믿어야 하는데, 만약 모든 사람들을 믿을 경우, 우리는 서로 모순적인 주장까지 받아들임으로써 불가능한 일을 시도하게 될 것이고, 반대로 몇몇 사람들을 믿을 경우, 독단주의자들은 도대체 우리가 누구의 말에 동의해야 할 것인지 가르쳐주어야 할 것이기 때문이다. 즉 플라톤주의자는 '플라톤의 말에 따라야 한다'고 주장할 것이고, 에피쿠로스주의자는 에피쿠로스의 말에 따를 것을 요구할 것이며, 다른 이들도 이와 비슷한 주장을 전개할 것이다. 결국 이처럼 이들의 논쟁을 해소할 길이 없으므로, 이들은 또다시 우리를 판단유보로 이끌게 된다.

[89] 더구나 다수의 견해에 따라야 한다고 주장하는 사람이 있지만, 그의 제안은 유치하기 짝이 없다. 왜냐하면 모든 사람들을 만나서 이야기를 나눈 후, 대부분의 사람들이 무엇을 선호하는지 밝힐 수 있는 사람은 아무도 없기 때문이다. 다시 말해, 우리가 잘 알지 못하는 어떤 민족이 있어서, 우리에게 드문 특성이 그들에게는 일반적으로 속하는 것인 반면, 우리들 대부분에 속하는 속성이 그들에게는 드물게 존재할 가능성도 있다. 가령 대부분의 사람들이 독거미에 물려도 고통을 느끼지 않지만, 어떤 이들은 간혹 고통을 느끼며, 우리가 앞에서 논의한 것처럼 상이한

체질적 특징(ἰδιοσυγκρασίαι)과 관련해서도 이와 유사한 현상이 발생한다. 그러므로 사람들의 다양성도 필연적으로 판단유보를 야기하는 또 다른 이유다.

[90] 자아도취에 빠진 독단주의자들은, 사물을 판별함에 있어서 그들 스스로가 다른 사람들보다 우선시되어야 한다고 주장하지만, 우리는 그들의 주장이 부당하다는 사실을 알고 있다. 왜냐하면 그들 자신이 논쟁의 당사자이기 때문이다. 그리고 만일 독단주의자들이 감각표상의 정당성을 판가름할 때 자신을 우월한 판정자라고 간주한다면, 그들은 판가름을 시작하기도 전에 미리 판가름을 자신들에게 맡김으로써 탐구 대상을 선취하는 잘못을 저지르게 되는 것이다.[65)]

[91] 하지만 단 한 사람－예를 들어 독단주의자들이 선망하는 현자(σοφός)[66)]－과 관련해서 논의를 전개함으로

---

65) 다시 말해 지금 문제가 되는 것은 도대체 누구의 감각 혹은 판단이 우월한가인데, 그럼에도 불구하고 독단주의자들은 탐구를 시작하기도 전에 이미 자신의 판단이 옳다고 가정함으로써, 결과적으로 선결문제 요구의 오류를 범하고 있다.

66) 현자와 관련된 스토아학파의 논의는 Von Arnim, *SVF.* Ⅲ 544~684 참고. 한편 독단주의(특히 스토아 철학)의 현자에 관한 섹스투스의 논의는 *PH.* II 38, 83 및 Ⅲ 240 참고.

써 판단유보에 도달할 수도 있다. 이를 위해 우리는 순서상 세 번째인 논증방식을 제시한다. 우리는 이러한 세 번째 논증방식을 감각의 차이에 기인한 논증[67]이라고 규정한 바 있다. 감각들이 서로 불일치한다는 사실은 아주 명백하다. [92] 이 때문에, 눈으로 보기에는 그림에 원근감이 있는 듯하지만, 그림을 만져보면 원근감을 느낄 수 없으며, 꿀은 우리의 혀에는 달콤하게 느껴지는 반면, 눈에 들어가면 불쾌한 느낌을 준다. 따라서 우리는 꿀이 순전히 달콤한 것인지 아니면 불쾌한 것인지 딱 잘라 말할 수 없다. 향유의 경우도 이와 마찬가지다. 왜냐하면 향유는 우리의 후각을 즐겁게 하는 반면, (마셨을 때) 불쾌한 맛을 주기 때문이다. [93] 한편 등대풀 액은 눈에 들어갔을 때 고통을 주지만 몸의 다른 부분에 바르면 아무런 고통도 주지 않으므로, 우리는 등대풀이 그 자체의 본성과 관련해서 우리 몸에 순전히 고통스러운 것인지 아니면 아무런 고통을 주지 않는 것인지 단언할 수 없다. 빗물도 눈에는 이롭지만, 기관(氣管)이나 폐를 거칠게 한다. 이 점은 올리브기름도 마찬가지다. 물론 올리브기름은 피부를 진정시키는 효과가 있지만 말이다. 또한 전기가오리는 다급한 상

67) 또는 감각기관의 다양한 구조에 기인한 논증(*PH.* I 36).

황에 맞닥뜨리면 마비를 일으키지만, 그 밖의 다른 물체에 대해서는 접촉하더라도 해를 끼치지 않는다. 그렇다면 우리는 앞서 언급한 것들 각각이 주어진 상황 하에서 어떻게 보이는지 말할 수는 있으나, 대상들 각각이 본성상 어떤 것인지 말할 수는 없다.

[94] 이와 유사한 사례들을 얼마든지 더 제시할 수 있겠으나, 장황하게 중언부언하지 않기 위해서, 우리 논고의 작성 의도에 맞추어, 다음과 같이 이야기해 보도록 하자. 감각을 통해서 주어지는 현상들 각각은 우리에게 다양한 인상을 주는 듯하다. 가령 사과는 부드럽고, 향기로우며, 달콤하고, 노란색이다. 하지만 이때, 사과가 정말로 이러한 속성들만을 가지는 것인지, 아니면 오직 하나의 속성만을 가지지만 감각기관의 다양한 구조로 인해서 우리에게 다양하게 보이는 것인지, 또는 사과가 우리에게 드러나는 것보다 많은 속성들을 가지나 이러한 속성들 중 일부는 우리에게 포착되지 않는 것인지 불분명하다.

[95] 사과가 오직 하나의 속성만을 가지고 있다는 가정은 우리가 이미 논의한 바[68]로부터 추론 가능하다. 다시 말해 우리는 동일한 영양분이 흡수되어서 몸의 여러 부분

68) *PH.* I 53~54.

을 형성하거나, 물이 나무에 스며들어 나무의 여러 부분을 이루거나, 동일한 숨결이 플루트나 피리를 비롯한 다양한 악기를 통과할 때 다양한 소리를 내는 일을 지적할 수 있다. 왜냐하면 이와 마찬가지로 사과도 오직 하나의 성질을 가지는 단일한 대상이지만, 감각 데이터를 수용하는 감각기관들의 다양성으로 인해서 우리에게 다양한 모습으로 보일 수도 있기 때문이다.

[96] 한편 사과가 우리에게 드러나는 속성보다 더 많은 속성들을 가질 수도 있다는 결론은 다음과 같이 추론될 수 있다. 이를테면 어떤 사람이 태어날 때부터 촉각, 후각 및 미각 능력은 소유하고 있으나, 듣지도 못하고 보지도 못한다고 가정해 보자. 이 경우 그는 원리상 어떠한 것도 보이지 않고 들리지 않는다고 여길 것이며, 단지 자신이 파악할 수 있는 세 가지 종류의 속성들[69]만이 존재한다고 추측할 것이다. [97] 그렇다면 우리는 오직 다섯 종류의 감각을 가지고 있으므로, 사과와 관련된 다양한 속성들 중에서 우리가 파악할 수 있는 속성들만을 인식할 가능성도 있는 것이다. 아마도 사과는 또 다른 속성들을 가지고 있는데, 이러한 속성들은 우리가 소유하고 있지 않은 다른 감각기

69) 즉 촉각, 미각 및 후각.

관에 의해 감각되기 때문에, 이런 이유로 결국 우리는 이러한 감각기관들을 통해 지각되는 속성들을 인식하지 못하게 되는 것이다.

[98] 혹자는 다음과 같이 반박할 것이다. "자연은 감각 대상을 감각기관과 잘 균형을 이루도록 마련해 놓았다."[70] 하지만 우리는 묻는다. "도대체 어떤 자연이 그렇게 했는가?" 이런 의문을 제기하는 이유는, 자연적인 것(또는 자연에 따르는 것)이 존재하는가와 관련해서 독단주의자들 사이에 그토록 결판낼 수 없는 논쟁이 있기 때문이다. 자연이 존재하는가에 관한 이러한 의문을 어떤 사람이 해소한다고 해도, 만일 그가 비전문가라면 독단주의자들은 그의 견해에 동조하지 않을 것이고, 그가 철학자라면 그 자신이 논쟁의 당사자가 되기 때문에 결국 그는 심판받는 자이지 심판자의 위치에 있지 않다.

[99] 따라서 우리가 파악한다고 여기는 속성들만이 사과에 속할 수도 있으나, 우리에게 지각되는 성질들보다 많은 속성들이 사과에 속할 수도 있는 한편, 우리에게 각인되는 속성들이 사실은 사과에 속하지 않을 가능성도 있다고 가정한다면, 사과가 도대체 어떤 대상인지가 우리에게

---

70) *M.* IX 94 및 Xenophon, *Memorabilia* I iv 2 참고.

분명하지 않게 될 것이다. 동일한 논의가 다른 감각 대상에도 적용된다. 하지만 만약 감각이 외부 대상을 인식(καταλαμβάνειν)하지 못한다면, 사고(διάνοια) 또한 외부 대상을 인식할 수 없다. 그러므로 이러한 논변 역시, 우리가 외부에 존재하는 대상들에 관해서 판단을 유보하도록 인도하는 듯하다.

[100] 우리가 논변을 각각의 감각 하나하나에 대해 적용하거나 혹은 감각들을 완전히 제쳐놓고서 판단유보에 도달할 수 있도록, 우리는 판단유보를 위한 네 번째 논증방식을 채택하고자 한다. 네 번째 논증방식은 주변 상황들 (περιστάσεις)에 따른 논증방식이라고 일컬어지는데, 여기서 '주변 상황'이란 주어진 조건들(διαθέσεις: 혹은 상태)을 의미한다. 네 번째 논증방식은 자연적인 상태와 부자연스러운 상태, 깨어 있는 상태와 잠자고 있는 상태, 나이에 따른 상태, 운동과 정지, 증오와 사랑, 부족함과 충족됨, 취한 상태와 제정신인 상태, 선행 조건(προδιαθέσεις), 용기와 두려움의 상태 그리고 우울함과 기쁨 등의 상태들과 연관되어 있다. [101] 이를테면 우리가 정상적인 상태에 있는가 비정상적인 상태에 처해 있는가에 따라서, 대상들이 우리에게 상이한 인상을 준다. 즉 광기에 빠졌거나 신들린 사람들은 정령들의 음성－우리는 이런 소리

를 듣지 못하지만―을 듣는다고 여긴다. 이와 마찬가지로 그들은 때때로 소합향(蘇合香)이나 유향(乳香) 냄새 혹은 이와 유사한 향기를 맡을 뿐 아니라 다른 많은 것들을 지각한다고 주장한다. 우리는 그런 것들을 지각하지 못하는데도 말이다. 한편 우리에게 미적지근하게 느껴지는 물도 불붙은 곳에 부으면 아주 뜨겁게 느껴지며, 동일한 외투가 충혈된 눈을 가진 사람에게는 노랗게 보이는 반면, 나에게는 그렇게 보이지 않는다. 더구나 똑같은 벌꿀이 나에게는 달콤하게 느껴지지만, 황달 걸린 사람에게는 쓰게 느껴진다.

[102] 만약 어떠한 체액들의 혼합으로 인해, 비정상적인 정신 상태를 가진 사람들이 외부 대상으로부터 부적절한 감각표상을 얻는다고 주장하는 사람이 있다면, 우리는 다음과 같이 대답해야 할 것이다. 건강한 사람들도 서로 혼합된 체액을 가지고 있으니까 하는 말인데, 본래 외부 대상들은 소위 제정신이 아니라고 말해지는 사람들에게 보이는 것과 동일한 방식으로 존재하지만, 체액들이 외부 대상들을 건강한 사람들에게 실상과 다르게 보이도록 만들 수도 있다. [103] 왜냐하면 외부 대상을 변조할 수 있는 능력을 어떤 체액 조합에는 허용하고 다른 체액에는 허용하지 않는다면, 그것은 너무 자의적인 일일 것이기 때문이

다. 건강한 사람들이 자신의 관점에서 볼 때는 자연스러운 상태에 처해 있으나 아픈 사람의 관점에서 보면 자연스럽지 않은 상태에 처해 있는 것과 마찬가지로, 아픈 사람들은 건강한 사람의 관점에서 보면 부자연스러운 상태에 처해 있으나 아픈 사람의 관점에서 보면 자연스러운 상태에 처해 있는 것이다. 따라서 우리는 아픈 사람들도 상대적인 관점에서 볼 때(πρός τι) 자연스러운 상태에 처해 있다고 믿어야 한다.[71]

[104] 한편 우리가 잠자고 있는지 아니면 깨어 있는지에 따라서 상이한 감각표상들이 생겨난다. 왜냐하면 우리가 깨어 있을 때는, 잠자고 있을 때 사물을 표상하는 방식과 동일하지 않은 방식으로 사물들을 표상(φανταζόμεθα)하기 때문이다. 반대로 우리가 잠자고 있을 때는 깨어 있을 때와 같지 않은 방식으로 사물을 표상한다. 그러므로 대상이 존재하는지 존재하지 않는지는 절대적인 것이 아니라 상대적인 것(πρός τι)이다. 잠자고 있는 상태인지 깨어 있는 상태인지에 따라 상대적이기 때문이다. 그렇다면 아마도 우리는, 깨어 있을 때는 비현실적이라고 여겨지는

---

71) 스토아학파는 건강한 상태만이 자연스러운 상태 혹은 정상적인 상태라고 생각했으나, 섹스투스는 이에 반론을 제기하고 있다. 아픈 사람들에게는 병든 상태가 자연스러운 상태라는 것이다.

대상들—그것이 전적으로 비현실적인 것도 아닌데도 말이다—을, 꿈속에서는 볼 수 있을 것이다. (이런 대상들이 전적으로 비현실적인 것은 아니라고 말하는 이유는) 그것이 꿈속에서는 존재하기 때문이다. 마치 우리가 깨어 있을 때 감각하는 대상도, 비록 그것이 꿈속에서는 존재하지 않는 것이지만, 그럼에도 불구하고 존재하는 것처럼 말이다.

[105] 감각표상은 나이에 따라서도 달라진다. 왜냐하면 동일한 공기가 노인들에게는 차갑게 여겨지는 반면, 혈기 왕성한 젊은이들에게는 온화하게 느껴지기 때문이다. 또한 동일한 색깔이 노인들에게는 희미하게 보이는 반면, 젊은이들에게는 생생하게 보인다. 이와 마찬가지로, 동일한 소리가 노인들에게는 불분명하게 들리는 반면, 젊은이들에게는 분명히 들린다. [106] 한편 나이에 있어서 서로 다른 사람들은, 선택이나 기피와 관련해서도 서로 상이한 영향을 받는다. 예를 들면, 어린아이들에게는 공이나 굴렁쇠가 매우 중요한 기호품인 반면, 혈기 왕성한 젊은이들은 다른 것들을 선호하며, 노인들은 또 다른 대상들을 선호한다. 이러한 사례들로부터 우리는 나이의 차이로 인해서 동일한 대상으로부터 서로 다른 감각표상들이 생겨난다는 결론을 도출할 수 있다.

[107] 더구나 대상들은 움직이고 있는지 정지하고 있는지에 따라서 다르게 보인다. 왜냐하면 우리가 가만히 서 있을 때 어떤 대상이 정지하고 있는 것처럼 보이더라도, 우리가 배를 타고 지나갈 때는 그 대상이 움직인다고 생각되기 때문이다.

[108] 또한 사랑함과 미워함도 동일한 대상을 다르게 보이게 한다. 이를테면 어떤 사람들은 돼지고기를 극단적으로 혐오하는 반면, 다른 사람들은 돼지고기 먹는 일을 매우 즐긴다. …또한 많은 이들은 자기 애인이 추녀인데도 불구하고 이 세상에서 가장 아름다운 여자라고 여긴다.

[109] 한편 결핍과 충족으로 인해서도 동일한 대상이 상이하게 보인다. 왜냐하면 동일한 음식이 굶주린 사람에게는 정말로 맛있는 음식으로 생각되지만, 배부른 사람에게는 형편없는 음식으로 여겨지기 때문이다.

다음으로 술 취한 상태인지 제정신인지에 따라서도 동일한 대상이 다르게 보이는 듯하다. 왜냐하면 우리가 제정신일 때 수치스러운 일이라고 여기는 행동이, 우리가 술에 취했을 때는 수치스럽게 여겨지지 않기 때문이다.

[110] 또한 선행 조건(προδιαθέσεις)도 대상이 상이하게 보이는 원인이 된다. 즉 동일한 포도주가 방금 전 대추

야자나 말린 무화과를 먹은 사람들에게는 시다고 느껴지는 반면, 견과나 병아리콩을 미리 먹은 사람들에게는 달다고 생각된다. 또한 목욕탕의 현관은 밖에서 들어온 사람은 따뜻하게 느껴지지만, 욕조 밖으로 나온 사람이 현관문가에서 시간을 보내면 추위를 느끼게 된다.

[111] 두려워하는지 용기 있는지에 따라서도 상이한 감각표상이 생겨난다. 겁쟁이에게 무섭고 두려운 일이라고 여겨지는 대상이, 용감한 사람에게는 전혀 무섭지 않은 일이라고 생각된다.

슬픔과 기쁨 또한 상이한 감각표상을 야기하는 원인이다. 다시 말해 동일한 일이 비탄해하는 사람들에게는 무거운 짐이 되는 반면, 기뻐하는 사람들에게는 즐거운 일이 된다.

[112] 그러므로 주변 조건(διαθέσεις)[72]으로 인해서 이처럼 감각표상의 불규칙성이 생겨난다는 점을 감안한다면, 그리고 사람들이 때에 따라서 상이한 조건에 처한다는 사실을 고려할 때, 아마도 우리는 각각의 외부 대상이 사람들 각자에게 어떻게 보이는가는 쉽사리 말할 수 있겠지만, 그 대상 자체가 어떤 것인지는 말할 수 없다. 왜냐하면

72) 감각표상을 획득할 당시, 감각 주체의 정신적 · 육체적 상태.

불규칙성이 해결 가능하지 않기 때문이다. 감각표상의 불규칙성을 해결하려고 시도하는 사람은 앞서 언급한 주변 조건들 중 어떤 조건 하에 처해 있거나 아니면 도대체 아무런 조건에도 처해 있지 않을 것인데, 그가 결코 아무런 조건에도 처해 있지 않다—다시 말해 그가 건강하지도 않고 아프지도 않으며 움직이지도 않고 정지해 있지도 않으며 일정한 나이를 가지는 것도 아니며 다른 모든 조건들이 결핍되어 있다—고 말하는 것은 완전히 어불성설이다. 반면 그가 감각표상들을 평가하고자 할 때, 어떤 조건 하에 처해 있다면, 그 자신이 (어떤 감각표상이 올바른지 평가할 수 있는 위치에 있는 것이 아니라) 논쟁의 당사자가 될 것이다. [113] 더구나 그는 외부 대상과 관련해서 공정한 심판자일 수 없다. 왜냐하면 그 자신이 처해 있는 조건으로 인해 판단력이 흐려질 것이기 때문이다. 이를테면 깨어 있는 사람은 잠자고 있는 사람의 감각표상을 깨어 있는 사람의 감각표상과 비교할 수 없으며, 건강한 사람은 아픈 사람의 감각표상을 건강한 사람의 감각표상과 비교할 수 없다. 왜냐하면 우리는 우리 곁에 있지 않은 것에 대해서보다는, 현재 우리 곁에 있으며 우리에게 영향을 주는 대상에 더 쉽게 동의하기 때문이다.

[114] 감각표상들의 불규칙성이 해결 불가능한 이유가

또 있다. 왜냐하면 어떤 감각표상을 다른 감각표상보다 선호하거나 어떤 주변 상황(περίστασις)을 다른 주변 상황보다 더 선호하는 사람은 증거도 없이 무비판적으로 그렇게 행동하든지 아니면 증거를 제시하면서 판단을 내려서 어떤 선택지를 선호할 텐데, 증거도 제시하지 않으면서 어떤 감각표상이나 주변상황을 선호할 수는 없을 뿐더러 —왜냐하면 그럴 경우 설득력이 없게 될 테니까—증거를 제시하면서 어떤 감각표상을 선호할 수도 없기 때문이다. 그 이유는 다음과 같다. 감각표상에 대해 판단을 내리려면 반드시 어떤 판단기준(κριτήριον)에 따라서 판정해야 할 것이다. [115] 그렇다면 그는 이러한 판단기준이 참이거나 아니면 거짓이라고 말해야 할 것이다. 그런데 판단기준이 거짓된 것이라고 말한다면, 그의 판단은 설득력을 잃게 될 것인 반면, 그의 판단기준이 참된 것이라고 주장하면, 또다시 그는 증거를 제시하지 않고서 자신의 판단기준이 참이라고 말하거나 아니면 증거를 제시하면서 그렇게 주장하는 셈일 것이다. 하지만 만일 증거를 제시하지 않는다면, 그의 판단기준이 참이라는 주장이 설득력을 잃게 될 것이다. 반대로 그가 증거를 제시할 경우, 이 증거는 반드시 참이어야만 한다. 왜냐하면 그렇지 않을 경우 그의 주장은 설득력을 잃을 것이기 때문이다. 그렇다면 그는 자신이 제시하는 판단기준이 믿을 만하다는 것을 입증하기 위한 증거 자체가 참이라고 주장할 때, 그것의 진위 여부를 판단해 본 후 그렇게 말하는 것인가 아니면 판단을 내리지도 않고서 그렇게 주장하는 것인가? [116] 만일 그가 증거의 진위 여부를 판단해 보지도 않고서 멋대로 주장했다면, 그의 주장은 기각될 것이다. 반대로 판단을 내린 후 그렇게 주장하는 것이라면, 필경 그는 어떤 판단기준을 가지고 증거의 진위 여부를 판단했다고 말하는 것임이 분명하다. 그러나 우리는 그 판단기준에 대한 증명(또는 증거)을 또다시 요구할 것이며, 이를 위한 판단기준을 또다시 요구할 것이다. 왜냐하면 증거란 항상 그 정당성을 확증시켜주는 판단기준을 필요로 하며, 판단기준은 또다시 그것이 참임을 입증하기 위해서 증거를 필요로 하기 때문이다. 참된 판단기준이 선차적으로 존재하지 않는다면 증거가 건전할 수 없을 것이고, 설득력 있는 증거가 먼저 주어지지 않는다면 판단기준이 참일 수 없다. [117] 그러므로 이렇게 볼 때, 판단기준과 증거는 순환논증에 빠지고 만다. 이런 이유로 판단기준과 증거 모두가 설득력을 결여하게 된다. 왜냐하면 두 선택지 각각이 상대방에 의해서 믿을 만하게 되기를 기다리고 있으며, 이로 인해 양자가 상대방과 마찬가지로 설득력을 결여하게 되는 것이기 때문이다. 그렇다면 만약 우리가 증거나 판단기준에 의존하지 않고 어떤 감각표상을 다른 감각표상보다 선호할 수도 없고, 증거나 판단기준을 가지고서도 어떤 감각표상을 선호할 수 없다면, 상이한 조건 하에서 생겨나는 다양한 감각표상들 중 어떤 것을 선택해야 할 것인지 결정할 수 없을 것이다. 따라서 네 번째 논증방식의 결과로서 우리는 외부 대상의 본성과 관련해서 판단유보에 도달하게 된다.

[118] 다섯 번째 논증방식은 위치(θέσις)와 거리(διάστημα) 그리고 장소(τόπος)에 기인한 논증이다. 왜냐하면 이런 요인들 각각으로 인해서 동일한 대상들이 상이하게 보이기 때문이다. 이를테면 동일한 열주(列柱)도 한쪽 끝에서 볼 때는 크기가 점점 줄어드는 듯 보이지만, 가운데서 바라보면 완전히 대칭적으로 보인다. 또한 동일한 배를 멀리서 보면 작고 정지해 있는 듯 보이지만, 가까이서 보면 크고 움직이는 것처럼 보인다. 그리고 동일한 탑이 멀리서 보면 둥글게 보이지만, 가까이서 보면 네모난 것처럼 보인다. [119] 이런 현상들은 거리(διάστημα) 차이로 인해서 생겨난다.

한편 장소(τόπος)로 인해서 다음과 같은 현상들이 발생한다. 가령 등불 빛은 햇빛 아래에서는 희미하게 보이지만 어두운 곳에서는 밝게 빛나며, 동일한 노가 물속에서는 굽은 것처럼 보이지만 물 밖으로 나오면 똑바르게 뻗어 있는 것처럼 보인다.

[120] 다음으로 위치(θέσις: 또는 관점)의 차이에 따라서 다음과 같은 현상들이 생겨난다. 즉 동일한 그림이 뒤로 누워 있을 때는 평평하게 보이지만, 앞으로 세워놓으면 원근감 있게 보인다. 또한 비둘기가 목을 어떤 방향으로 돌리는가에 따라서 그 색깔이 다르게 보인다.

[121] 그렇다면 모든 감각표상은 어떠어떠한 곳에서, 어떠어떠한 거리로부터, 그리고 어떠어떠한 위치에서 관찰되는 것이며, 이러한 요인들 각각은 감각표상의 획득과 관련해서 지대한 차이를 산출하므로, 앞서 언표했던 바와 같이,[73] 우리는 이러한 논증방식으로 인해서 판단유보에 도달하도록 강제될 것이다. 왜냐하면 이러한 감각표상들 중 어떤 것을 더 선호하려는 사람은 불가능한 일을 시도하는 셈일 것이기 때문이다. [122] 다시 말해 만일 그가 증거를 제시하지도 않으면서 단순히 자신의 주장을 강변한다면, 그는 누구도 설득하지 못할 것이다. 반면 그가 증거를 제시하고자 하더라도, 만약 자신이 제시하는 증거가 허위

---

73) *PH.* I 118 참고.

라고 말한다면 스스로를 논박하게 될 것이고, 만약 자신의 증거가 진실이라고 말한다면 우리는 그것이 진실임을 입증할 증거를 보이라고 다시 요구할 것이며, 이 증거에 대한 증거를 또다시 제시하라고 요구할 것이다. 왜냐하면 그 증거 또한 진실이어야 하기 때문이다. 이렇게 해서 결국 무한 소급에 빠지게 된다. 하지만 증거를 무한하게 제시하는 일은 불가능하다. [123] 따라서 증거를 제시한다고 해도, 어떤 감각표상이 다른 감각표상보다 낫다고 간주할 수 없다. 그렇다면 만약 증거를 제시하든지 제시하지 않든지, 우리가 앞서 언급한 감각표상들에 대해서 평가를 내릴 수 없다면, 우리는 결국 판단유보에 도달하게 된다. 물론 우리는 각각의 대상이 이러이러한 위치나 거리 혹은 장소에 처해 있을 때 어떻게 보이는지에 관해서는 언표할 수 있을 것이다. 그러나 여태까지 말한 내용으로 미루어 생각해 볼 때, 우리는 그 대상이 본성과 관련해서(ὡς πρὸς τὴν φύσιν) 어떤 것인지는 확언할 수 없다.

[124] 여섯 번째 논증방식은 혼합(ἐπιμιξία: 혹은 매개)에 따른 것이다. 이를 통해 우리는 다음과 같은 결론에 이르게 된다. 어떠한 외부 대상도 그 자체로(καθ' ἑαυτό) 우리 감각기관에 영향을 미치는 것이 아니라, 어떤 것과 결합해서(σύν τινι: 즉 어떤 매개물을 통해서)[74] 우리에게

감각되는 것이므로, 설령 외부 대상과 매개물[75]로부터 야기되는 혼합물이 어떠한 것인지는 아마도 말할 수 있겠지만, 우리는 외부 대상이 그 자체로 어떤 것인지와 관련해서는 말할 수 없다.

내가 생각하기에는, 어떠한 외부 대상도 그 자체로 감각기관에 영향을 미치는 것이 아니라 항상 어떤 것과 함께 감각된다는 사실, 그리고 이로 인해서 외부 대상이 (상이한 감각 주체에게) 다르게 보인다는 사실은 명약관화하다. [125] 가령 우리의 피부색은 공기가 따뜻한지 차가운지에 따라서 다르게 보인다. 그러므로 우리는 우리 피부색이 본성상 어떤지 말할 수 없으며, 단지 이런 조건들 각각과 결합했을 때 우리 피부색이 어떻게 보이는지 말할 수 있을 뿐이다. 또한 동일한 소리라도 희박한 공기를 통과할 때와 밀도 높은 공기를 통과할 경우에는 다르게 들리는 법이며, 약초 향기도 찬 공기 하에서보다는 목욕탕 안이나 햇빛 아래서 더 강렬하게 느껴지는 것이다. 한편 몸도 물에 잠겼을 때는 가볍지만, 공기에 둘러싸여 있을 때는 무

74) 감각의 매개물은 크게 외적인 매개물(가령 공기)과 내적인 매개물(감각기관 내부의 구성 요소들)로 나뉜다.

75) 외부 대상이 지각되는 것을 매개해 주는 매개물.

겁다.

[126] 하지만 외적인 매개물과의 혼합은 논외로 하더라도, 우리 눈은 그 내부에 각막과 액체를 포함하고 있다. 따라서 이러한 매개물들이 없다면 시각 대상도 감각되지 않으므로, 시각 대상은 있는 그대로 정확하게 파악되지 않을 것이다. 왜냐하면 우리가 지각하는 것은 혼합물이며, 이로 인해 황달 걸린 사람들에게는 모든 것들이 노랗게 보이는 한편, 눈이 충혈된 사람들에게는 모든 대상이 핏빛으로 빨갛게 보일 것이기 때문이다. 또한 툭 트인 장소인지 좁고 바람 부는 장소인지, 아니면 공기가 맑은지 혼탁한지에 따라서 동일한 소리가 다르게 들리므로, 아마도 우리는 소리를 순수하게 인지할 수 없을 것이라고 생각된다. 왜냐하면 우리의 귀는 그 통로가 좁고 휘어져 있으며, 머리 주변부에서 배출된다고 말해지는 유해한 증기로 인해 오염되기 때문이다. [127] 더구나 우리 콧구멍과 미각기관 속에는 특정한 물질이 들어 있어서, 우리가 미각 대상과 후각 대상을 지각할 때 이러한 물질들과 결합해서 파악하며, 감각 대상을 순수하게 있는 그대로 파악하는 것이 아니다.

따라서 이러한 혼합으로 인해서, 우리 감각은 외부 대상이 정확히 어떠한 것인지 파악하지 못한다. [128] 그렇다고 해서 사고(διάνοια)가 외부 대상을 정확히 인식할 수도 없다. 왜냐하면 사고의 안내자, 즉 감각조차 외부 대상을 있는 그대로 인식하는 데 성공하지 못하기 때문이다. …따라서 여섯 번째 논증방식에 따르면, 우리가 외부 대상의 본성에 대해서 언표할 수 없기 때문에, 우리는 (외부 대상의 본성에 대해서) 판단을 유보하도록 강제된다.

[129] 일곱 번째 논증방식은, 우리가 이미 말한 바 있듯이, (감각되는) 실재 대상들의 양과 구조(σκευασία)에 근거한 논변이다. 여기서 '구조(σκευασία)'는 구성 방식 일반을 가리킨다. 일곱 번째 논증방식 또한 우리가 외부 대상의 실제 본성에 관해 우리의 판단을 유보하도록 강제한다는 사실은 분명하다. 따라서 이를테면 잘게 썰어놓은 염소 뿔은 모아놓지 않고 그냥 그 자체로 보면 희게 보이지만, 한데 모아서 뿔의 모습으로 만들어놓으면 검게 보인다. 반대로 잘게 부수어 놓은 은 조각들은 그것만 놓고서 보면 검은색인 것처럼 보이지만, 은 덩어리 전체를 놓고 보면 흰색으로 보인다. [130] 또한 타이나론[76)]의 대리석 조각은 광을 잘 내면 흰색으로 보이지만, 무더기로 있을

76) 타이나론은 라코니아 지방 최남단의 곳이다. 이곳의 대리석은 그 색상이 마치 사문석(蛇紋石)처럼 노란 빛을 띠는 초록색이었다.

때는 노란색으로 보인다. 그리고 모래가 뿔뿔이 흩어져 있을 때는 각각의 입자가 거친 것처럼 보이지만, 한데 모아서 모래 언덕을 만들어놓으면 우리에게 부드럽다는 인상을 준다. 크리스마스로즈는 정제된 가루 형태일 때는 복용했을 때 질식을 야기하지만, 거칠게 빻았을 경우에는 그런 문제를 일으키지 않는다. [131] 한편 포도주도 적당량을 마셨을 때는 우리에게 힘을 불어넣어 주지만, 너무 과다하게 마셨을 때는 몸을 마비시킨다. 또한 이와 마찬가지로 음식물도 섭취하는 양에 따라서 상이한 효력을 발휘하는 것이다. 가령 우리가 과식할 경우 음식물은 종종 소화불량이나 설사를 일으킴으로써 우리 몸을 정화시킨다.

[132] 따라서 이런 경우에도 우리는 잘게 썰어놓은 염소 뿔 조각이 어떠한 성질을 가지는 반면, 여러 조각들을 하나로 모아놓았을 때는 어떠한 성질을 가지는지 말할 수 있을 것이며, 작은 은 조각은 어떠한 성질을 가지며 많은 은 조각들을 한데 모아놓았을 때는 어떠한 성질을 가지는지, 혹은 타이나론 대리석 조각은 어떠한 성질을 가지며 작은 조각들을 여럿 모아놓으면 어떠한 성질을 가지는지 말할 수 있을 것이다. 그리고 모래와 크리스마스로즈, 포도주 및 음식의 상대적 속성에 대해서도 언표할 수 있을

것이다. 하지만 우리는 대상들이 본성 그 자체로 어떠한지는 말할 수 없다. 왜냐하면 대상들의 조직 구조가 다양함으로 인해서 감각표상들의 불규칙성이 발생하기 때문이다.

[133] 일반적으로 말해서, 유용한 대상들도 부적절한 용량으로 사용될 경우 해롭게 되는 듯하며, 반대로 과다하게 사용되었을 때 해롭다고 여겨지는 것들도 소량만 사용되면 해를 끼치지 않는 듯하다. [134] 따라서 대상들의 양과 구조(σκευασία)에 근거한 논변은 외부 대상들의 실제적 모습 (ὕπαρξις)을 헷갈리게 한다. 이런 이유로 아마도 일곱 번째 논증방식 또한 우리를 판단유보로 이끄는 듯하다. 왜냐하면 우리는 외부 대상의 본성에 관해서 절대적으로 확언할 수 없기 때문이다.

[135] 여덟 번째 논증방식은 상대성(πρός τι)에 기인한 논변이다. 그리고 이를 통해 우리는 다음과 같은 결론에 도달한다. 모든 것들은 상대적이므로, 우리는 사물이 그 자체로(ἀπολύτως: 혹은 절대적으로) 그리고 본성과 관련해서(ὡςπρὸς τὴν φύσιν) 어떠한 것인가에 대해 판단을 유보하게 될 것이다. 하지만 이때 우리는 한 가지 사실을 명심해야 한다. 즉 다른 경우에서와 마찬가지로 여기서도 우리는 '…이다(ἔστι)'라는 용어를 '…처럼 보이다(φαίνετ

αι)'라는 말 대신 사용하고 있다는 점이다. 그러므로 ("모든 것들이 상대적이다"라고 말할 때) 우리가 의미하는 바는 "모든 것들이 상대적인 것처럼 보인다"다.[77]

그런데 '상대적'이라는 말은 두 가지 의미를 가지고 있다. 첫째, 판단하는 주체와 관련해서 상대적이다. (왜냐하면 판단의 객체인 외부 대상은 판단 주체에 대해서 어떠어떠하게 보이는 것이기 때문이다.) 한편 '상대적'이라는 말의 두 번째 의미는 함께 지각되는 대상들과 관련해서 상대적이라는 것이다. 이를테면 왼쪽이 오른쪽에 상대적인 것처럼 말이다. [136] 우리가 이미 앞에서도 주장한 바 있듯이,[78] 모든 대상은 상대적이다. 즉 판단 주체와 관련해서도 상대적이며—왜냐하면 각각의 대상은 특정한 동물과 사람 그리고 감각에 대해서 특정한 주변 조건에 따라 상대적으로 지각되기 때문이다—함께 지각되는 대상과 관련해서도 상대적이다. 왜냐하면 각각의 대상은 감각의 특정한 혼합(ἐπιμιξία: 혹은 매개)이나[79] 감각 대상의 구조,

77) 고대나 현대의 많은 주석가들은 회의주의를 상대주의와 혼동했다. 하지만 여기서 섹스투스는 상대주의 또한 일종의 독단주의이므로 회의주의는 상대주의와 분명히 구별된다는 점을 강조하고 있다.

78) *PH.* I 39 참고.

79) 본래 사본에는 '감각의 특정한 혼합에 대해서(πρὸς τήνδε τὴν ἐπ

양 그리고 위치와 관련해서 상대적으로 보이기 때문이다.

[137] 또한 우리는 모든 대상이 상대적임을 증명하기 위해서 특별히 다음과 같은 논증을 제시할 수 있다. 다른 대상과 구별되는 독립적 존재자(τὰ κατὰ διαφορὰν)[80]는 상대적인 것들(τὰ πρός τι)과 다른가 그렇지 않은가? 만일 다르지 않다면, 이들 또한 상대적인 존재가 될 것이다. 반면 만약 이들이 상대적 존재와 다르다면, 다른 것(διαφέρον)은 모두 어떤 것에 상대적인 것(πρός τι)이므로, 다른 대상과 구별되는 독립적 존재자 또한 상대적인 것이 될 것이다. 왜냐하면 상대적인 것은 자신과 구별되는 어떤 대상과 관련해서 상대적이라고 말해지는 것이기 때문이다. [138] 더구나 독단주의자들이 주장하는 바에 따르면, 존재하는 것들 중에서(τῶν ὄντων) 어떤 것들은 최고류(ἀνωτ

ιμιξιαν)' 뒤에 'καὶ τόνδε τὸν τρόπον(그리고 이러한 논증방식에 대해서)'라는 구절이 포함되어 있었다. 하지만 감각이 논증방식에 대해 상대적인 것은 아니라는 점을 감안하면, 이 구절은 문맥과 전혀 맞지 않는다. 이런 이유로 Kayser는 이 구절을 삭제했으며, 우리도 이에 따라 이 구절을 번역에서 제외시켰다.

80) 직역하면, '차이에 따라서 존재하는 것들'. 섹스투스는 τὰ κατὰ διαφορὰν라는 말을 '(단순한 상대항이 아니라) 다른 대상과 구별되어서 독립적이고 절대적으로 존재하는 대상'을 가리키는 용어로 사용하고 있다.

άτω γένη)이고, 다른 것들은 최하의 종(ἔσχατα εἴδη)이며, 나머지 것들은 유(γένη)이면서 동시에 종(εἴδη)인 것들이다.[81] 그런데 모든 유와 종들은 상대적이므로, 결론적으로 모든 대상들도 상대적이 되는 것이다. 그뿐 아니라, 독단주의자들이 주장하듯이, 어떤 존재자들은 완전히 자명하고(πρόδηλα) 다른 것들은 불분명하며, 우리에게 드러나는 현상들(φαινόμενα)은 불분명한 것들을 드러내주는 징표(σημαίνοντα)인 반면, 불분명한 것들은 현상들을 통해서 드러나는 바(σημαινόμενα)[82]다. 왜냐하면 독단주의자들에 따르면 현상이란 불분명한 것들을 보게 해주는 시야(ὄψις)이기 때문이다. 하지만 드러내주는 징표(σημαῖνον)와 드러나는 바(σημαινόμενον)는 서로 상대적이다. 따라서 모든 것은 상대적이다. [139] 그뿐 아니라, 존재하는 것들 중 어떤 것들은 유사한 반면, 다른 것들은 유사하지 않고, 어떤 것들은 똑같은 반면 다른 것들은 같지 않다. 그런데 이런 것들은 모두 서로 상대적인 것이므로, 결국 모든 대상들은 상대적이다.

---

81) 가령 '존재'는 최상위의 유이고, '흑인'은 더 이상 세분되지 않는 최하위 종이다. 한편 '사람'은 하위종(가령 '흑인')과 관련해서는 유이지만, 상위류(가령 '동물')와 관련해서는 종이다.

82) 직역하면 '표시되는 대상' 혹은 '표현되는 의미'.

모든 것들이 상대적인 것은 아니라고 주장하는 사람이 있다면, 그는 스스로 모든 것들이 상대적임을 확증하는 셈이다. 왜냐하면 그는 우리를 반박하는 논변을 전개함으로써, "모든 대상이 상대적인 것은 아니다"라는 자신의 주장이 보편적인 주장(καθόλου)이 아니라 우리에 대해 상대적임(πρός τι πρὸς ἡμᾶς)을 입증하고 있기 때문이다.

[140] 아닌 게 아니라 모든 대상이 상대적임을 지금 우리가 이런 방식으로 확립했으므로, 외부 대상 각각이 순수하게 그 자신의 본성상 어떠한가에 관해서는 우리가 언표할 수 없으나, 그 대상이 다른 것과 관련해서 상대적으로 어떠한가 말할 수는 있다는 사실이 분명해졌다. 그러므로 이로부터 우리가 대상들의 본성에 관해서 판단을 유보해야 한다는 결론이 도출된다.

[141] 우리가 언급한 바 순서상 아홉 번째인 논증방식은 어떤 대상과의 조우가 지속적인지 아니면 드문지에 근거하고 있는데, 우리는 이러한 논증방식을 다음과 같은 사례를 통해 설명해 보겠다. 당연히 태양은 혜성보다 훨씬 더 놀라운 존재다. 그렇지만 우리가 태양은 항상 볼 수 있는 반면, 혜성은 드물게 목격되는 현상이기 때문에, 우리는 혜성이 나타날 때 너무나 경악해서 그것을 신의 전조로 여기기까지 한다. 반면 태양에 대해서는 전혀 놀라지 않

는다. 하지만 만일 태양이 아주 드물게 뜨고 저물어서, 갑자기 모든 대상들을 비추었다가 돌연 만물을 어둠 속에 몰아넣는다고 가정해 본다면, 우리는 이런 일을 매우 놀라운 현상으로 간주할 것이다. [142] 또한 지진도 그런 일을 처음 경험하는 사람과 지진에 익숙해진 사람에게 똑같은 동요를 일으키지 않는다. 바다에 처음 가본 사람이 얼마나 큰 놀라움을 느낄지 생각해 보라! 또한 인체의 아름다움에 익숙한 경우보다는, 처음으로 갑자기 아름다운 인체를 바라보았을 때 우리는 더욱 전율한다.

[143] 한편 우리는 드문 것들을 값진 것들로 간주하는 반면, 우리에게 친숙한 것들이나 쉽게 구할 수 있는 대상들은 결코 값진 것으로 여겨지지 않는다. 가령 물을 구하기 힘든 경우를 가정해 보면, 현재 우리가 값비싼 귀중품이라고 간주하는 것들 모두보다도 물이 얼마나 귀중한 것이라고 우리에게 보이겠는가? 혹은 금이 마치 돌과도 같이 그냥 땅바닥에 지천으로 깔려 있다고 상상하면, 그 누가 금을 귀중하게 여기고 그처럼 꽁꽁 감추어놓을 것이라고 생각하는가?

[144] 그렇다면, 이처럼 대상과의 조우가 지속적인지 드문지에 따라서, 동일한 대상이 어떤 경우에는 경이롭거나 값진 것으로 여겨지는 반면 다른 경우에는 전혀 그렇지

못한 것으로 생각된다는 점을 고려할 때, 우리는 설령 현상들 각각이 우리에게 빈번히 발생하는지 드물게 발생하는지에 따라서 우리에게 어떻게 보이는지는 아마도 말할 수 있겠지만, 외부 대상 각각이 그 자체로 어떤 성질을 가지는지에 관해서는 한마디로 단언할 수 없다고 결론내릴 수 있다. 그러므로 우리는 아홉 번째 논증방식을 통해서도, 외부 대상에 관해 판단을 유보하게 된다.

[145] 열 번째 논증방식은 주로 윤리학과 관련되는데, 행동규범(ἀγωγή)이나 관습(ἔθη), 법률, 신화에 대한 믿음 그리고 독단적인 신념(δογματικαὶ ὑπολήψεις) 등에 근거하고 있다. 여기서 행동규범이란 생활방식 혹은 행동에 대한 선택을 가리키며, 이것은 한 사람에 의해서 혹은 다수의 사람들에 의해서 채택된 것이다. 가령 디오게네스[83]가 선택했거나 아니면 라코니아인들이 채택한 것처럼 말이다. [146] 다음으로 법률이란 같은 정치체제의 구성원들 사이에 성문화해 놓은 계약이며, 이를 어기는 사람은 벌을 받는다. 한편 관습(ἔθη) 또는 관례(συνήθεια)－양자는 서로 다르지 않으니 하는 말이다－란 많은 사람들이 어떠한 행동 양식을 공통적으로 용인한 것인데, 이를 어긴다고 해

83) 유명한 견유학파 철학자, 시노페 출신의 디오게네스를 가리킨다.

서 항상 벌을 받는 것은 아니다. 가령 간통을 금하는 법률이 있는 한편, 우리의 관습은 사람들 보는 데서 공공연히 여인과 성행위하는 것을 금하고 있다. [147] 신화에 대한 믿음은 실제로 일어난 것이 아니라 조작된 사건들을 받아들이는 것이다. 이를테면 다른 전설들과 더불어 크로노스에 관한 전설을 예로 들 수 있는데, 많은 사람들은 이런 이야기의 진실성을 믿고 있다. 독단적 신념이란 유추나 어떤 종류의 증명을 통해서 입증된다고 여겨지는 특정한 사실을 받아들이는 것이다. 이를테면 원자(ἄτομα)가 존재하는 것들의 구성 원소(στοιχεῖα)라거나, 아니면 동일한 부분을 가지는 것들(ὁμοιομερῆ)이나 최소 입자(ἐλάχιστα) 혹은 이와 유사한 다른 것들이 존재하는 대상들의 구성 원소라는 생각들 말이다.[84)]

[148] 이런 것들[85)] 각각을 우리는 어떤 때는 그 자신과

---

84) 대상들을 구성하는 원소가 원자라는 주장을 피력한 철학자들은 데모크리토스와 에피쿠로스 등 고대 원자론자들이었으며, '동일한 부분을 가지는 것들(ὁμοιομερῆ)'이 대상을 형성하는 구성 원소라고 주장한 사람은 아낙사고라스였던 반면, 최소 입자(ἐλάχιστα)가 존재자들의 구성 원소라고 주장한 사람은 디오도로스 크로노스였다.

85) 즉 행동규범이나 관습, 법률, 신화에 대한 믿음 그리고 독단적인 신념 등.

대립시키며, 다른 때는 다른 것들과 대립시킨다. 가령 우리는 다음과 같은 방식으로 어떤 관습을 다른 관습과 대립시킨다. 에티오피아의 어떤 종족은 아기들에게 문신을 새기지만, 우리는 그렇게 하지 않으며, 페르시아 사람들은 밝게 염색되었고 발에까지 내려오는 긴 옷을 입는 일이 근사하다고 생각하지만, 우리는 그런 옷을 입는 일이 적절하지 않다고 생각한다. 또한 인도 사람들은 사람들 앞에서 공공연히 여인들과 성교하지만, 다른 나라 사람들은 대부분 그런 일을 수치스러운 일이라고 여긴다. [149] 다음으로 우리는 다음과 같은 방식으로 어떤 법률을 다른 법률과 대립시킨다. 로마에서는 아버지의 재산 상속을 포기하는 자는 아버지의 채무를 변제할 필요가 없지만, 로도스에서는 아들이 항상 아버지의 채무를 변제해야 한다. 또한 스키티아의 타우로스인들에게는 이방인들이 아르테미스를 위해 희생당해야 한다는 법률이 존재하지만, 우리는 사람을 제단 앞에서 죽이는 일을 금하고 있다.[86] [150] 한편 우리는 행동규범을 다른 행동규범과 대립시킨다. 가령 우리는 디오게네스의 행동규범을 아리스티포스의 행동규범과

---

86) 타우로스인들은 현재의 크리미아 반도에 살던 사람들이다. 또한 이들의 인신 공양 풍습은 유리피데스의 *Iphigenia Taurica*에 잘 나타나 있다.

대립시키며,[87] 라코니아인들의 행동규범을 이탈리아 사람들의 행동규범과 대립시킨다. 다음으로 우리는 신화에 대한 어떤 믿음을 신화에 대한 다른 믿음과 대립시킨다. 예를 들어 어떤 곳에서는 사람들과 신들의 아버지가 제우스라고 말해지고 있는 반면, 다음과 같은 구절에서는 오케아노스가 만물의 아버지라고 일컬어진다.

> "신들의 기원(γένεσις)인 오케아노스와 어머니 테티스를…."[88]

[151] 다음으로 우리는 독단적 신념을 다른 독단적 신념과 대립시킨다. 예를 들어 어떤 이들은 원소(στοιχεῖον)가 단 하나뿐이라고 주장하지만, 다른 이들은 원소의 수가 무한하다고 주장한다. 또한 어떤 이들은 영혼이 죽음을 피할 수 없다고 주장하는 반면, 다른 이들은 영혼이 죽지 않는다고 주장한다. 그뿐 아니라 어떤 이들은 인생사가 신들의 섭리에 따라 영위된다고 주장하지만, 다른 이들

---

87) 시노페 출신의 디오게네스는 금욕생활로 유명했던 견유학파의 대표적인 인물이었으며, 아리스티포스는 순간적, 육체적 쾌락을 추구했던 키레네학파의 주요 인물이다.

88) Homer, *Ilias* XIV 201.

은 우리의 삶이 신의 섭리 없이 이루어진다고 주장한다.

[152] 한편 우리는 관습을 다른 것들과 대립시킨다. 이를테면 관습을 법률과 대립시킨다. 예를 들어 페르시아에서는 남성들의 동성애가 관습적으로 허용되는 반면, 로마에서는 그러한 행동이 법률에 따라 금지되어 있다. 또한 우리나라에서는 간통이 금지되어 있으나, 크니도스의 에우독소스[89]가 《세계 일주》 제1권에서 기술하는 바에 따르면, 마사게타이 사람들에게 있어서 간통은 대수롭지 않은 일로 간주되어 관습적으로 허용된다. 그리고 우리나라에서는 어머니와 성관계를 가지는 것이 금지되어 있으나, 페르시아에서는 이처럼 결혼하는 것이 대체적인 관습이다. 더구나 이집트에서는 남자들이 자기 누이와 결혼하지만, 우리나라에서는 이런 일이 법으로 금지되어 있다. [153] 다음으로 우리는 관습을 행동규범과 대립시킨다. 즉 대부분의 사람들은 사적인 장소에서 자기 부인들과 성관계를 가지는 반면, 크라테스[90]는 남들이 보는 앞에서 공공연히 히파르키아와 관계했다. 또한 디오게네스는 한쪽 어깨를

---

89) 크니도스의 에우독소스(BC 360년경 활약)는 천문학자이자 지리학자이었으며, 동시에 법률 제정자이고 의사였다.

90) 대략 기원전 320년경 활약한 견유학파 철학자.

드러내놓고 다녔으나, 우리는 정상적으로 옷을 입는다. [154] 더구나 관습은 신화에 대한 믿음과 대립된다. 가령 신화에 따르면 크로노스는 자기 자식들을 삼켜버렸지만, 우리의 관습은 자식들을 보호하는 것이다. 또한 신들을 선하고 악의 영향을 받지 않는 존재로서 숭배하는 것이 우리의 관례지만, 시인들은 신들도 상처받으며 서로 시기한다고 묘사하고 있다. [155] 한편 관습은 독단적 신념에 대립된다. 가령 신들에게 좋은 것들을 달라고 요구하는 것이 우리의 관습이지만, 에피쿠로스는 신적 존재가 우리를 돌아보지 않는다고 주장했다.[91] 그리고 아리스티포스는 남자가 여성용 의상을 입는 일이 대수롭지 않은 일(ἀδιάφορον: 도덕적으로 중립적인 일)이라고 여겼지만, 우리는 이런 일이 수치스러운 일이라고 생각한다.

[156] 그 밖에도 우리는 행동규범을 법률에 대립시킨다. 이를테면 자유인이나 출생이 고결한 사람을 구타하면 안 된다는 법률이 있으나, 판크라티온 경기[92] 선수들은

---

91) 에피쿠로스에 따르면, 신들은 지복(至福)을 가진 존재다. 그런데 만일 신들이 인간의 일들을 돌본다면 행복할 겨를이 없을 것이므로 결국 신들은 인생지사에 전혀 관여하지 않는다. *PH.* III 9~12 참고.

92) 레슬링과 복싱을 혼합해 놓은 경기. 고대 올림픽 경기 중 한 종목이었음.

서로 때린다. 왜냐하면 그들이 따르는 행동규범이 이런 행위를 허용하기 때문이다. 또한 이와 동일한 이유로 검투사들도 서로를 살해한다. 비록 살인이 금지되어 있지만 말이다. [157] 다음으로 우리는 신화에 대한 믿음을 행동규범에 대립시킨다. 이를테면 어떤 신화에 따르면 헤라클레스가 옴팔레의 집에서 '양털 실 잣는 일에 애썼으며, 노예 노동을 견뎌야 했다'.[93] 또한 헤라클레스는 어느 누구도 – 설령 적당한 정도로도 – 선택하지 않을 법한 일들을 행했다. 그럼에도 불구하고 헤라클레스의 행동규범은 고결한 것이었다. [158] 다음으로 우리는 행동규범을 독단적 신념과 대립시킨다. 가령 운동선수들은 명예를 좋은 일이라고 간주해서 이를 추구하며, 명예를 얻기 위해서라면 고통스러운 행동규범이라도 감내한다. 반면 많은 철학자들은 명예가 보잘것없는 일이라고 강변한다(δογματίζωσιν: 즉 독단적인 믿음을 가진다). [159] 다음으로 우리는 법률을 신화에 대한 믿음과 대립시킨다. 가령 시인들은 신들이 간통하며 동성연애에 탐닉한다고 묘사하는 반면, 우리의 법률은 이런 행동을 금지하고 있다. [160] 한편 우리는 법률을 독단적 신념에 대립시킨다. 이를테면 크리시포스

93) Homer, *Odyssea* XXII 423.

는 어머니나 누이와 성관계를 가지는 것이 대수롭지 않은 일(ἀδιάφορον: 도덕적으로 중립적인 일)이라고 주장했지만, 법률은 그러한 행동을 금지하고 있다. [161] 또한 우리는 신화에 대한 믿음을 독단적 신념과 대립시킨다. 가령 시인들은 제우스가 하늘에서 내려와서 죽음을 피할 수 없는 여인들과 관계를 가졌다고 주장하지만, 독단주의 철학자들은 이런 일이 불가능하다고 생각한다. [162] 이와 마찬가지로 우리의 시인 호메로스는 제우스가 사르페돈의 사망에 대한 비통함으로 인해서 '피맺힌 빗방울을 땅에 퍼부었다'[94]고 읊었지만, 철학자들의 견해(δόγμα)는 신적인 존재가 고통을 느끼지 않는다(ἀπαθές)는 것이다. 그리고 철학자들은 켄타우로스의 신화를 부정하면서, 켄타우로스란 비존재자의 사례라고 지적했다.

[163] 위에서 언급한 대립항 각각에 대해서 다른 사례들을 더 많이 제시할 수도 있었지만, 우리의 논의는 개괄적인 개요이므로 이 정도 사례들을 지적하는 것으로 충분할 듯하다.

결국 열 번째 논증방식을 통해서도 대상들에 이토록 많은 불규칙성이 존재함이 입증되었으므로, 우리는 외부

---

94) Homer, *Ilias* XVI 459.

대상이 그 자체의 본성에 있어서 어떠한 성질을 가지는지 말할 수 없을 것이며, 단지 외부 대상이 특정한 행동규범이나 법률, 관습 그리고 다른 요인들 각각과 관련해서 어떻게 보이는지 말할 수 있을 따름이다. 그러므로 우리는 열 번째 논증방식을 통해서도 외부 대상의 실제 본성과 관련해서 판단을 유보하도록 강제된다.

이렇게 해서 우리는 열 개의 논증방식을 통해서 우리가 결국 판단유보에 이르게 된다는 사실을 보였다.

18. 회의주의적 표현법들(φωναί)에 관하여

[187] 이러한 논증방식 및 판단유보를 야기하는 논증방식들 각각을 사용할 때, 우리는 우리의 회의주의적 경향성과 우리 마음의 느낌을 표현하는 특정한 표현법들을 언표한다. 이를테면 '더 …하지 않는다(οὐ μᾶλλον)'나 '아무것도 결정되어서는 안 된다(οὐδὲν ὁριστέον)' 등을 그 예로 제시할 수 있다. 따라서 이러한 회의주의적 표현법들에 관해서 순서대로 논의하는 것이 우리의 다음 과제라고 볼 수 있다. 그러면 먼저 '더 …하지 않는다(οὐ μᾶλλον)'라는 표현부터 논의를 시작해 보자.

19. '더 …하지 않는다(οὐ μᾶλλον)'라는 표현에 관하여

[188] 때로는 우리는 이 표현법을 내가 위에서 언급한 형태대로[95] 언명하지만, 경우에 따라서는 '하나도 더 …하지 않는다(οὐδὲν μᾶλλον)'라는 형태로 표현하기도 한다. 왜냐하면 우리는, 어떤 사람이 생각하는 것처럼, 특수한 탐구의 경우에는 '더 …하지 않는다(οὐ μᾶλλον)'라는 표현을 채용하고 좀 더 일반적인 탐구에는 '하나도 더 …하지 않는다(οὐδὲν μᾶλλον)'를 사용하는 것이 아니라, '더 …하지 않는다'와 '하나도 더 …하지 않는다'를 구별하지 않고 그냥 사용하는 것이기 때문이다. 그러니까 우리는 지금 이 두 표현법을 하나의 동일한 표현으로 간주하고 이에 관해 논의를 진행할 것이다.

이 표현은 생략되어 있는 것이다. 왜냐하면 마치 우리가 '이층'이라고 말하면 사실상 '이층집'을 뜻하는 것이고, '광장(πλατεῖα)'[96]이라고 말하면 사실은 '널따란 도로'를

---

95) 즉 '더 …하지 않는다(οὐ μᾶλλον)'.

96) πλατεῖα는 본래 '넓은', '툭 트인' 등을 뜻하는 형용사였으나, 나중

의미하는 것과 마찬가지로, 우리가 '더 …하지 않는다'라고 말할 경우 우리는 사실상 '저렇다기보다 더 이러한 것이 아니고, 위라기보다 아래인 것도 아니다'라고 말하는 것이다.

[190] '저러하기보다 더 이러한 것이 아니다'라는 표현은 또한 우리의 내적 느낌을 가리키고 있다. 이에 따르면 우리는 서로 대립되는 대상들의 가치(혹은 힘)가 동등함(ἰσοσθένεια)으로 인해서 평형상태(ἀρρεψία)에 이르게 된다. 이때 '가치(혹은 힘)의 동등함'은 우리에게 그럴듯하게 보이는 정도에 있어서 동등함을 의미하며, '대립(ἀντικείμενα)'이라는 말은 서로 충돌한다는 일반적 의미로 사용되고 있다. 한편 '평형상태'란 어떤 선택지에도 동의하지 않음을 뜻한다. [191] 그러므로 '하나도 더 …하지 않는다(οὐδὲν μᾶλλον)'는 표현이 비록 긍정 혹은 부정의 성격을 드러내주고 있으나, 우리는 이 표현을 그런 식으로 사용하지 않는다. 오히려 우리는 이 표현을 중립적이고 다소 느슨한 의미로 채택한다. 즉 의문문 대신 사용하거나 혹은 '나는 이들 중 어떤 것에 동의해야 하고 어떤 것에 동의하지 말아야 할지 모른다'는 문장 대신 사용한다. 왜냐하면

에는 '넓은 길' 또는 '광장'이라는 의미로 주로 사용되었다.

우리가 의도하는 바는 우리에게 명백히 드러나는 것을 밝히는 일이기 때문이다. 이를 밝히기 위해 우리가 어떤 표현을 사용할지에 관해서 우리는 개의치 않는다. 또한 여러분은 우리가 '하나도 더 …하지 않는다(οὐδὲν μᾶλλον)'라는 표현을 언표할 때, 이러한 표현이 그 자체로 반드시 참이고 분명하다고 확언하는 것은 아니라는 사실도 주의하기 바란다. 즉 우리는 이러한 표현에 대해서도, 우리에게 보이는 바(φαινόμενον: 즉 현상)에 따라서 이야기하고 있는 것이다.

20. 단언하지 않음(ἀφασία)에 관하여

[192] '단언하지 않음'에 관해 우리는 다음과 같이 말한다. '주장(φάσις)'이라는 말은 두 가지 의미로 사용된다. 첫째, 일반적인 의미, 둘째, 특수한 의미. 일반적인 의미로 사용되었을 때, '주장'은 어떤 것을 긍정하거나 부정함을 지시하는 표현이다. 가령 '지금은 낮이다' 또는 '지금은 낮이 아니다' 등. 다음으로 특수한 의미로 사용되었을 때, '주장'은 긍정의 의미만을 가리킨다. 이런 의미에 따르면, 부정문(ἀποφατικά)은 주장(φάσεις)이라고 명명되지 않는다. 그렇다면 '단언하지 않음(ἀφασία)'이란 일반적인 의미의 주장-다시 말해 긍정과 부정을 포괄하는 광의(廣義)의 주장-을 삼가는 일이다. 그러므로 단언하지 않음은 우리가 가지는 내적 느낌(πάθος)이며, 이런 느낌으로 인해 우리는 어떤 것도 긍정하거나 부정하지 않는다고 말한다.

[193] 이렇게 볼 때, 우리가 '단언하지 않음'이라는 표현을 채택하는 까닭은, 대상 그 자체가 자신의 본성상 우리를 항상 단언하지 않음으로 이끌기 때문이 아니라, 현재 우리가 이런 표현을 언표할 때, 탐구되는 대상과 관련해서

그러한 느낌을 가지고 있음을 보이기 위해서라는 사실이 분명하다. 또한 여러분은 기억하기 바란다. 우리는 불분명한 대상에 관해서 독단적으로 주장된 것들을 긍정하지도 않을 뿐더러 부정하지도 않는다. 왜냐하면 우리는 우리의 느낌 또는 감정을 촉발하며 우리를 강제적으로 동의로 이끄는 것들에 그저 따를 뿐이기 때문이다.

21. '아마도(τάχα)'와 '가능하다(ἔξεστι)' 그리고 '그럴 법하다(ἐνδέχεται)'에 관하여

[194] 우리는 '아마도(τάχα)'와 '아마도 아니하다(οὐ τάχα)'라는 표현을 '아마도 한편으로 어떠어떠하며(τάχα ἔστιν), 다른 한편으로 아마도 어떠어떠하지 않다(τάχα οὐκ ἔστιν)'라는 뜻으로 사용하며, '가능하다(ἔξεστι)'와 '… 아님이 가능하다(οὐκ ἔξεστι)'라는 표현은 '한편으로 어떠어떠함이 가능하며(ἔξεστι εἶναι), 다른 한편으로 어떠어떠하지 않음이 가능하다(ἔξεστι μὴ εἶναι)'라는 표현 대신 사용한다. 또한 '…임이 그럴 법하다(ἐνδέχεται)'와 '… 아님이 그럴 법하다(οὐκ ἐνδέχεται)'라는 표현은 '한편으로 어떠어떠함이 그럴 법하며(ἐνδέχεται εἶναι), 다른 한편으로 어떠어떠하지 않음이 그럴 법하다(ἐνδέχεται μὴ εἶναι)' 대신 사용한다. 그러므로 표현의 경제성을 도모하기 위해서, 우리는 '어떠어떠하지 않음이 가능하다(ἔξεστι μὴ εἶναι)'라는 표현 대신 '… 아님이 가능하다(οὐκ ἔξεστι)'를 채택하고 있으며, '어떠어떠하지 않음이 그럴 법하다(ἐνδέχεται μὴ εἶναι)' 대신 '… 아님이 그럴 법하다(οὐκ ἐνδέχεται)'를 사용하는 한편, '아마도 어떠어떠하지 않다

(τάχα οὐκ ἔστιν)' 대신 '아마도 아니하다(οὐ τάχα)'를 사용한다. [195] 여기에서도 우리는 문구를 놓고서 다투고자 하지 않으며, 앞서 언급한 표현들이 본성상 이러한 의미를 가지는지 묻지도 않는다.[97] 앞에서도 언급한 바 있듯이[98] 우리는 위의 표현법들을 중립적이고 느슨한 의미로 사용한다. 내가 생각하기에는 우리의 표현법들이 '단언하지 않음(ἀφασία)'을 가리킨다는 점은 명약관화하다. 이를테면 '아마도 어떠어떠하다(τάχα ἔστιν)'라고 말하는 사람은 그 대상이 진짜 어떠어떠한지에 대해 단언하지 않음으로 인해서, 사실상 자신이 언표한 것과 대립하는 명제, 즉 '아마도 어떠어떠하지 않다(τάχα οὐκ ἔστιν)'도 은연중에 주장하고 있다. 나머지 표현들에 대해서도 이와 마찬가지로 생각할 수 있다.

---

97) 본래 희랍어 구문 οὐκ ἔξεστι는 '…임이 **가능하지 않다**'를 의미한다. 하지만 섹스투스는 이 구절을 '… **아님이 가능하다**'라는 의미를 가진 전문 용어로 사용하고 있다.

98) *PH*. I 191 참고.

22. '판단을 유보하다(ἐπέχω)'에 관하여

[196] '나는 판단을 유보한다(ἐπέχω)'라는 표현은 '나는 주어진 대상들 중에서 어떤 것을 믿어야 하고 어떤 것을 믿으면 안 되는지 분별할 수 없다'라는 표현 대신 사용된 말이다. 다시 말해 외부 대상들이 우리에게 믿을 만함과 믿을 만하지 않음과 관련해서 동일해 보인다는 것을 가리킨다. 대상들이 (실제로) 동일한지에 관해, 우리는 단언하지 않는다. 단지 우리는 외부 대상이 우리에게 표상될 때, 그 대상이 우리에게 어떻게 보이는가를 말할 뿐이다. '판단유보(ἐποχή)'라는 용어는, 우리의 사고(διάνοια)가 판단을 유보하게 되었다(ἐπέχεσθαι)는 사실에서 그 이름을 획득하게 되었는데, 탐구되는 대상들의 가치가 동등함(ἰσοσθένεια)으로 인해서 어떤 것을 긍정할 수도 부정할 수도 없게 되었다는 것이다.

23. '아무것도 결정하지 않는다(οὐδὲν ὁρίζω)'라는 표현에 관하여

[197] '아무것도 결정하지 않는다(οὐδὲν ὁρίζω)'라는 표현과 관련해서 우리는 다음과 같이 말한다. '결정한다(ὁρίζειν)'는 말은 단순히 어떤 것을 말한다는 뜻이 아니라, 불분명한 대상을 언표하는 동시에 이에 동의함을 의미한다. '결정한다'가 이런 의미를 가진다고 할 때, 회의주의자는 아무것도 결정하지 않는다는 사실이 발견될 것이다. 심지어 그는 "아무것도 결정하지 않는다"는 말조차 단정적으로 주장하지 않는다. 왜냐하면 회의주의적 표현은 독단적 신념, 다시 말해 불분명한 대상에 대한 동의가 아니며, 단지 우리의 내적인 느낌을 명확히 표현한 것에 불과하기 때문이다. 따라서 회의주의자가 "나는 아무것도 결정하지 않는다"고 말할 때, 그가 의도하는 바는 "나는 현재 탐구의 대상으로 주어진 것들 중 어떤 것에 대해서도 독단적으로 긍정하거나 부정하지 않겠다는 느낌을 가지고 있다"라는 것이다. 회의주의자가 이런 말을 할 때, 그는 확신을 가지고 자신의 견해를 독단적으로 주장하는 것이 아니라, 주어진 대상이 자신에게 어떠하게 보

이는가에 관해 자신이 느끼는 바를 단순히 기술하고 전달할 뿐이다.

24. '모든 것은 미결정적(ἀόριστα)이다'에 관하여

[198] 미결정성(ἀοριστία)이란 우리 사고의 어떤 느낌(πάθος διανοίας)이며, 이로 인해서 우리는 독단적 탐구 대상들 즉 불분명한 것들에 대해 부정도 긍정도 하지 않게 된다. 그러므로 회의주의자가 '모든 것은 미결정적이다(πάντα ἐστὶν ἀόριστα)'라고 말할 때, 그는 '…이다(ἔστι)'라는 말을 '그에게 …처럼 보인다(φαίνεσθαι)'는 표현 대신 사용하고 있으며, '모든 것(πάντα)'이라는 단어도 존재하는 대상 모두를 뜻하는 것이 아니라, 그가 검토한 대상, 다시 말해 독단주의자들의 탐구 대상인 불분명한 것들을 가리킨다. 한편 '미결정적(ἀόριστα)'이라는 말은 대상들이 자신과 대립되는 것들 혹은 일반적으로 자신과 상충하는 것들보다, 믿을 만함이나 믿을 만하지 않음과 관련해서, 우월하지 않다는 것을 가리킨다. [199] 가령 '산보한다(περιπατῶ)'고 말하는 사람이 사실상 '내가 산보한다(ἐγὼ περιπατῶ)'라고 말하고 있는 것처럼,[99] 우리가 생각하는 바

99) 희랍어 동사는 주어의 인칭과 수에 따라서 변한다. 동사 περιπατῶ는 1인칭 단수 형태이므로, 비록 주어가 명시되어 있지는 않지만 '(내가) 걷고 있다'라는 의미를 가지고 있다. 이런 이유로 희랍어 문장에서

에 따르면, 회의주의자가 "모든 것은 미결정적이다"라고 말할 때, 이 말은 '나와 관련된 한(ὡς πρὸς ἐμέ)' 또는 '나에게 보이는 바로는(ὡς ἐμοὶ φαίνεται)'라는 의미를 동시에 가지고 있다. 그러므로 '모든 것은 미결정적이다'라는 표현은 다음과 같은 내용을 의미한다. "내가 검토한 바, 독단주의적으로 탐구되는 대상들은, 내가 생각하기에, 그 어떤 것도 자신과 상충하는 대상보다 믿을 만함이나 믿을 만하지 않음에 있어서 우월하지 않게 보인다."

는 대부분 주어가 생략되며, 대체로 강조 용법일 경우에만 주어를 표기한다.

25. '모든 것은 인식 불가능(ἀκατάληπτα)하다'에 관하여

[200] "모든 것이 인식 불가능하다(πάντα ἐστὶν ἀκατάληπτα)"라고 말할 때도, 우리는 앞서와 유사한 태도를 견지한다. 이를테면 '모든 것(πάντα)'이라는 단어도 앞서와 동일한 방식으로 설명하며, 이 문장에 '내가 보기에 (ἐμοὶ)'[100]라는 단어를 보충한다. 그러므로 우리가 의미하는 바는 다음과 같다. "독단적 탐구의 대상인 불분명한 것들 중에서 내가 검토한 모든 것들은 내가 생각하기에는 인식 불가능한 것처럼 보인다." 그런데 우리의 입장은 독단주의자들에 의해서 탐구되는 대상이 **본성상 인식 불가능하다**는 것이 아니다. 오히려 우리는 단지 우리 자신의 내적 느낌(πάθος)을 보고하고자(ἀπαγγέλειν) 한다. 회의주의자는 말한다. "이러한 느낌에 따르면, 나는 지금껏 대상들 중 어떤 것도 인식하지 못했다고 생각한다. 왜냐하면 서로 대립되는 대상들이 가치에 있어서 동일하기 때문(διὰ τὴν τῶν ἀντικειμένων ἰσοσθένειαν)이다." 그러므로 내

100) 직역하면 '나에게' 또는 '나에게 있어서'.

가 보기에는, 우리의 입장을 논파하기 위해서 도입된 모든 논변들은 사실상 우리가 보고하는 바와 전혀 부합하지 않는 듯하다.

26. '인식 안 한다(ἀκαταληπτῶ)'와 '인식하지 않는다(οὐ καταλαμβάνω)'에 관하여

[201] '인식 안 한다(ἀκαταληπτῶ)'와 '인식하지 않는다(οὐ καταλαμβάνω)'는 모두 개인적인 심적 상태를 보여주는 표현이다. 이에 따르면 회의주의자는 현재 탐구되고 있지만 아직 불분명한 대상에 대해 긍정하거나 부정하는 일을 당분간 삼간다. 이러한 사실은 우리가 다른 회의주의적 표현법들에 대해 앞서 언급한 것들을 통해 볼 때 명백하다.

27. '모든 논변(λόγος)에는 그것과 (가치가) 동일한 논변이 대립된다(ἀντικεῖσθαι)'에 관하여

[202] "모든 논변(λόγος)에는 그것과 (가치가) 동일한 논변이 대립된다(ἀντικεῖσθαι)"라고 우리가 말할 때, '모든 논변에는'이라는 구절은 '우리가 두루 검토한 모든 논변에는'이라는 의미를 가지며, 여기서 '논변'이라는 단어는 단순히 일반적 의미로 사용되고 있는 것이 아니라, '어떤 것－다시 말해 불분명한 대상－을 독단적 방식으로 확립하려는 시도'를 가리킨다. 다시 말해 여기서 논변이란 반드시 전제와 결론을 통해 어떤 것을 확립하려는 것이 아니라, 어떤 방식으로든 결론을 입증하려는 시도 일반을 의미한다.[101] 한편 '(가치가) 동일하다'는 믿을 만함이나 믿을 만하지 않음과 관련해서 그렇다는 것이고, '대립된다(ἀντικεῖσθαι)'는 일반적으로 '양립 불가능하다(μάχεται: 혹은 상충된다)'라는 의미로 사용된다. 또한 우리는 전체

101) 여기서 섹스투스가 말하는 '논변'은 삼단논법과 같은 논증이 아니라, 좀 더 넓은 의미의 독단적 논변(또는 주장) 일반을 가리킨다. 다시 말해 섹스투스에 따르면, 독단주의자가 어떤 논변을 주장할 때, 이와는 상반되지만 동일한 개연성을 가지는 논변이 존재한다.

문장에 '나에게 보이는 바로는'이라는 표현을 내용상 덧붙인다. [203] 그러므로 "모든 논변(λόγος)에는 그것과 (가치가) 동일한 논변이 대립된다(ἀντικεῖσθαι)"라고 내가 말할 때, 사실상 나는 다음과 같이 말하고 있는 것이다. "독단적으로 어떤 내용을 확립하는 논변을 내가 검토할 때, 이러한 독단적 논변 각각에는, 다른 어떤 내용을 독단적으로 확립하고자 하는 논변이 대립되며, 대립하는 두 논변은 믿을 만함이나 믿을 만하지 않음과 관련해서 동일한 가치를 지니는 것처럼 나에게 보인다." 그렇다면 이러한 논의의 언표는 그 자체로 독단적인 것이 아니라, 인간의 내적 느낌, 즉 이런 느낌을 가지는 사람에게 명백히 드러나는 바를 보고하는 것이다.

[204] 그런데 어떤 이들은 '모든 논변(λόγος)에는 그것과 (가치가) 동일한 논변이 대립되어야 한다(ἀντικεῖσθαι)'[102]는 표현법을 다음과 같은 권고의 의미로 사용한다. "어떤 것을 독단적으로 확립시키려는 모든 논변에 대항해서, 다른 것을 독단적으로 탐구하는 논변—이 논변은 믿을 만함 또는 믿을 만하지 않음과 관련해서 처음 논변과

---

102) 앞 문단에서는 ἀντικεῖσθαι라는 부정사를 평서문의 의미, 즉 '대립된다'로 해석했으나, 여기서 섹스투스는 ἀντικεῖσθαι을 명령문의 의미, 즉 '대립시켜야 한다'로 사용하고 있다.

동일한 가치를 지니는 반면, 그 논변과 서로 양립 불가능하다—을 대립시키자." 왜냐하면 이들은 비록 동사 청유형 ἀντιτιθῶμεν('대립시키자') 대신 부정사 ἀντικεῖσθαι('대립시킴')을 사용하기는 했으나, 자신들의 논의를 회의주의자를 향해 제안한 것이기 때문이다. [205] 이들이 이와 같은 것을 회의주의자에게 권고한 까닭은 혹시나 그가 독단주의자에게 미혹되어 회의주의적 탐구를 포기하고, 경솔함에 빠진 나머지 회의주의자들에게 명백하게 드러나는 마음의 평안(ἀταραξία)을 간과하게 되지 않을까 우려했기 때문이다. 그들은, 앞서 우리도 언급한 바 있듯이,[103] 마음의 평안이란 모든 대상에 대한 판단유보에 곧이어 뒤따르는 것이라고 간주한다.

103) *PH.* I 25~29 참고.

33. 회의주의는 어떤 점에서 아카데미아학파의 철학과 다른가

[220] 어떤 이들은 아카데미아학파의 철학이 회의주의와 동일하다고 주장한다. 그렇기 때문에 이 문제와 관련해서 상세히 논의하는 일이 우리의 다음 과제가 될 것이다.

대부분의 사람들이 주장하는 바와 같이, 세 종류의 아카데미아학파가 존재했다. 그중 가장 오래된 것이 플라톤의 아카데미아였고, 두 번째가 아르케실라오스－폴레몬의 제자였던－의 중기 아카데미아학파였으며, 세 번째가 카르네아데스와 클레이토마코스의 새로운 아카데미아였다. 그런데 어떤 이들은 필론과 카르미다스의 아카데미아를 덧붙여 제4의 아카데미아라고 부르며, 또 다른 이들은 안티오코스의 아카데미아를 제5의 아카데미아라고 간주하기도 한다. [221] 그러면 옛날 아카데미아부터 검토하기 시작해서, 지금 언급된 철학자들의 견해가 우리와 어떻게 다른지 살펴보자.

어떤 이들은 플라톤이 독단적 사상가라고 주장했고, 다른 이들은 그가 아포리아를 제기하는(ἀπορητικός: 다시 말해 회의주의적인) 철학자라고 주장했으며, 또 다른 이들은 그가 한편으로 독단적 사상가였으나 다른 한편으로는 아포리아를 제기하는 철학자이기도 했다고 주장한다. 즉 우리 마음을 훈련시키는 저작들[104]에서, 소크라테스는 대화 상대자와 말놀이하거나 혹은 소피스테스에 대항해서 논변을 펼치는 모습으로 소개되고 있는데, 사람들은 이를 근거로 플라톤이 우리 마음을 훈련시키는(γυμναστικός) 동시에 아포리아를 제기하는(ἀπορητικός) 특성을 가지고 있다고 주장한다. 하지만 플라톤이 소크라테스나 티마이오스 또는 다른 등장인물들의 입을 빌려서 어떤 것들을 심각하게 설파할 때,[105] 그는 독단적인 특성도 가지고 있다는 것이다.

[222] 플라톤이 독단주의자라고 주장하거나, 혹은 일부는 독단주의자이고 일부는 아포리아를 제기하는 철학자라고 주장하는 사람들에 대해서는, 우리가 지금 어떤 것을 언급할 필요가 없을 것이다. 왜냐하면 플라톤 철학이 우

---

104) 특히 플라톤의 초 · 중기 대화편.

105) 초 · 중기 대화편은 대부분 아포리아의 상태로 대화가 종료되는 반면, 후기 대화편으로 갈수록 소크라테스가 점점 많은 독단적 내용을 주장하고, 심지어 다른 대화 상대자가 등장해서 장광설을 늘어놓기도 한다.

리와 다르다는 사실을 그들 스스로가 인정하는 셈이기 때문이다. 반면 플라톤이 전적으로 회의주의자인가 하는 문제와 관련해서, 우리는 《(회의주의적) 주석》[106]에서 상세히 논의한 바 있다. 지금 우리는 회의주의에 관한 개괄적 개요를 쓰고 있으므로, 플라톤이 회의주의자라는 입장을 견지한 주요 인물들인 메노도토스와 아이네시데모스에 대항해서, 다음과 같은 내용을 지적하고자 한다. 플라톤이 형상 또는 신적 섭리의 존재 여부 혹은 덕스러운 삶이 악행을 일삼는 삶보다 더 선호할 만하다는 견해에 관해 자신의 입장을 주장했을 때, 만일 그가 이런 생각들을 사실이라고 여기고서 이에 동의했다면, 그는 독단적인 견해를 가지게 된다. 반면 만일 플라톤이 위와 같은 생각들을 다른 것들보다 더 설득력 있는 것이라고 생각해서 이를 선호한 것이라면, 그는 회의주의의 고유한 성격을 버리게 된다. 왜냐하면 그가 믿을 만함 혹은 믿을 만하지 않음과 관련해서 특정한 입장을 다른 입장보다 더 선호하고 있기 때문이다. 이러한 태도가 우리에게 낯선 것이라는 사실은, 이미 논의된 바로부터[107] 자명하다. [223] 설령 플라톤이

---

106) 여기서 《(회의주의적) 주석》이란 *M.* VII~XI(독단주의자들에 대한 반박)을 언급하는 듯하다.

—사람들이 말하듯이—'정신을 훈련시키고 있을(γυμνάζηται)' 때, 어떤 것을 회의주의적 방식으로 언표했다 하더라도, 이로 인해 그가 회의주의자가 되는 것은 아니다. 왜냐하면 어떤 한 가지 주제에 대해 독단적 견해를 주장하거나, 일반적으로 말해서 믿을 만함과 믿을 만하지 않음과 관련해서 어떤 감각표상을 다른 감각표상보다 선호하거나, 아니면 불분명한 어떤 대상에 관해 (독단적 주장을) 단언하는 자는 이로 인해 독단주의자적 풍모를 가지게 되기 때문이다. …플라톤도 때로는 어떤 문제들에 관해서 아포리아를 제기하지만, 그럼에도 불구하고 그가 회의주의자는 아니라는 사실이 명백하다. 왜냐하면 플라톤이 어떤 문제들에 있어서 불분명한 대상들의 실재성에 관해 자기 의견을 단언하고 있으며, 혹은 믿을 만함과 관련해서 어떤 불분명한 것을 다른 불분명한 것보다 선호하기 때문이다.

[226] 한편 새로운 아카데미아의 구성원들의 경우, 설령 이들이 "모든 대상이 인식 불가능하다"라고 주장한다고 하더라도, 모든 대상의 인식 불가능성을 주장하는 점에 있어서도 회의주의자와는 구별된다. 왜냐하면 아카데미

---

107) *PH.* I 10.

아 철학자들은 이 문제와 관련해서 (대상의 인식 불가능성을) 확언하는 반면, 회의주의자는 어떤 대상이 인식될 가능성도 있다고 여기기 때문이다. 또한 아카데미아 철학자들은 좋은 것들과 나쁜 것들에 대한 판단에 있어서 우리와 명백히 다르다. 즉 아카데미아 철학자들은 우리와는 다른 방식으로 어떤 대상이 좋거나 또는 나쁘다고 주장하며, 그들이 좋다고 말하는 대상이 이와 반대되는 대상보다는 실제로 좋을 개연성이 크다(πιθανόν)고 믿고 있다. 그리고 나쁜 것에 대해서도 이와 마찬가지로 설명한다. 반면 우리는 어떤 대상이 좋거나 나쁘다고 말할 때, 우리가 주장하는 바가 개연적(πιθανόν)이라고 생각하면서 그렇게 말하는 것이 아니며, 단지 우리는 아무런 행동도 하지 않게 되는 일을 피하기 위해서, 독단적 믿음을 가지지 않은 채(ἀδοξάστως) 일상적 삶에 따를 뿐이다.

[227] 더구나 우리는, 철학 이론이 관련된 한, 감각표상들이 믿을 만함이나 믿을 만하지 않음과 관련해서 동일하다고 주장한다. 반면 아카데미아 철학자들은 어떤 감각표상들은 개연적(πιθανόν)인 반면, 다른 감각표상들은 개연적이지 않다(ἀπίθανον)고 주장한다. 또한 그들은 개연적인 감각표상들 간에도 차이가 있다고 말한다. 다시 말해 어떤 감각표상(φαντασία)은 단순히 개연적(πιθανή)

일 뿐인 반면, 다른 감각표상은 개연적인 동시에 철저히 검토된 것(διεξωδευμένη)이며, 또 다른 감각표상은 개연적이고 철저히 검토된 동시에 의심의 여지가 없다(ἀπερίσπαστος). 가령 어두운 방에 밧줄이 어떤 방식으로 둘둘 말린 채 놓여 있다고 가정해 보자. 어떤 사람이 이 방에 갑자기 들어오면, 그에게는 뱀을 보고 있는 듯한, 단순히 개연적 감각표상이 생겨날 것이다. [228] 하지만 주위를 꼼꼼하게 둘러보고 주변 상황들—이를테면 이 대상이 움직이지 않으며 색깔이 어떠어떠하다 등등의 특징들 각각—을 철저히 검토한 사람에게는 그것이 밧줄로 보인다. 왜냐하면 그의 감각표상은 개연적인 동시에 두루 검토된 것이기 때문이다. 한편 의심의 여지가 없는 감각표상이란 다음과 같은 것이다. 알케스티스가 죽었을 때, 헤라클레스는 그녀를 하데스로부터 다시 이승으로 이끌고 나왔다고 전해진다. 그리고 헤라클레스가 그녀를 아드메토스에게 보여주었을 때, 그는 자신의 아내 알케스티스에 관해서, 개연적이고 두루 검토된 감각표상을 얻었다. 그럼에도 불구하고 아드메토스는 자기 아내가 죽었다는 사실을 알고 있었기 때문에, 그의 사고가 자신의 감각표상에 대한 동의를 거부하고 불신하기에 이른 것이다. [229] 그래서 새로운 아카데미아의 철학자들은 단순히 개연적인 감각표상보다는 개연적이면서 동시에 두루 검토된 감각표상을 더 선호하며, 이들 두 감각표상보다는 개연적이고 두루 검토되었으며 의심의 여지가 없는 감각표상을 더 선호하는 것이다.

비록 아카데미아학파의 철학자들과 회의주의 철학자들 모두가 "우리는 어떤 것에 따른다(혹은 설득된다)"고 말하지만, 이 점에 있어서도 두 철학 학파의 차이점은 명백하다. [230] 왜냐하면 아카데미아 철학자와 회의주의 철학자는 '따르다(πείθεσθαι)'라는 말을 상이한 의미로 사용하고 있기 때문이다. 한편으로 이 단어는 '저항하지 않으면서, 강렬한 이끌림이나 집착 없이 단순히 수동적으로 따름'을 의미한다. 가령 어린아이가 자신의 지도교사에 따르는 것처럼 말이다. 하지만 때로는 이 단어가 '스스로 선택함으로써 어떤 것에 동의함' 또는 '강렬한 소망에 따라서, 일종의 공감을 가지고서 어떤 것에 동의함'을 의미하는 경우도 있다. 가령 방탕한 사람은 낭비하는 생활이 가치 있는 삶이라고 주장하는 사람의 말에 따른다는 사실을 그 사례로 들 수 있다. 그러므로 카르네아데스나 클레이토마코스를 추종하는 자들은 스스로 강렬한 이끌림을 느끼면서 어떤 것에 따른다고 말하며, 또 어떤 감각표상이 개연적이라고 주장하는 반면, 우리는 아무런 집착 없이 단순히 어떤 것을 (수동적으로) 용인한다고 말한다는 점에서, 우리는 아카데미아학파의 철학자들과 다르다.

[231] 더구나 (삶의) 목표와 관련해서도 우리는 아카데미아학파와 다르다. 왜냐하면 아카데미아학파의 이론에 따른다고 공언하는 사람들은 일상생활 속에서 개연성을 채택하는 반면, 우리는 법률과 관습 그리고 자연적인 느낌에 따라서, 독단적 믿음 없이(ἀδοξάστως) 삶을 영위하기 때문이다.

만약 우리가 간결함을 목표로 하지 않았다면, 아카데미아학파와 회의주의의 차이점과 관련해서 더 상세히 설명할 수 있었을 것이다.

[232] 아르케실라오스는 중기 아카데미아학파의 수장이자 창시자였다고 말해지고 있는데, 내가 보기에 그는 분명히 피론의 이론과 공통되는 부분을 가지고 있다. 따라서 그의 가르침과 우리의 가르침은 거의 일치한다. 왜냐하면 그는 어떤 대상의 존재 혹은 비존재와 관련해서 확언한 적이 없으며, 믿을 만함 또는 믿을 만하지 않음과 관련해서 어떤 것을 다른 것보다 선호하지 않았으며, 모든 대상에 관해서 판단을 유보했기 때문이다. 또한 아르케실라오스는 자신의 목표가 판단유보(ἐποχή)라고 주장하는데, 우리도 말한 바 있듯이[108] 마음의 평안(ἀταραξία)이 판단

유보에 뒤따른다. [233] 한편 아르케실라오스는 개별적 대상에 관한 판단유보는 좋은 반면, 각각의 동의(συγκατάθεσις)[109]는 나쁜 것이라고 말했다.

하지만 우리는 다음과 같은 점을 지적할 수 있다: 우리는 우리에게 분명히 보이는 현상에 따라서, 확언하지 않으면서 위와 같은 것들을 진술하는 반면, 아르케실라오스는 사물의 본성과 관련해서 위와 같은 내용을 주장하며, 이런 이유로 판단유보가 그 자체로 좋은 것인 반면 (불분명한 대상에 대한) 동의는 나쁜 것이라고 말했다.

[234] 또한 만일 아르케실라오스에 관해서 이야기되는 내용을 우리가 믿을 수 있다면, 사람들이 말하기를, 아르케실라오스는 처음 보기에는 마치 피론주의자인 듯 생각되었으나, 실제로는 독단주의자였다. 또한 그는 아포리아를 제기하는 방법을 통해서, 자신의 동료들이 본성적으로 플라톤의 이론 체계(δόγματα)를 받아들일 만한 능력이 있는지 시험해 보곤 했다. 이 때문에 아르케실라오스는 아포리아를 제기하는(ἀπορητικός) 철학자라고 여겨졌

108) *PH.* I 10 참고.

109) συγκατάθεσις는 본래 스토아학파의 전문용어이며, 감각표상을 평가해서 그것이 참임에 동의한다는 뜻이다. 하지만 섹스투스는 이 단어를 '불분명한 대상에 대한 독단적 동의'라는 의미로 사용하고 있다.

다. 하지만 실제로 그는 자신의 동료들 중 재능 있는 자들에게는 플라톤의 가르침을 전수해 주었다. 이런 이유로 아리스톤은 아르케실라오스를 '앞모습은 플라톤, 뒷모습은 피론, 그리고 중간은 디오도로스'[110]라고 묘사했다. 왜냐하면 아르케실라오스가 비록 디오도로스의 변증술(διαλεκτική)을 차용하기는 했으나, 공공연하게 플라톤주의자로 행세했기 때문이다.

[235] 한편 필론의 추종자들은 스토아학파의 진리의 기준, 즉 '대상을 분명히 인식하게 하는 감각표상(καταλεπτικὴ φαντασία)'과 관련해서는 대상들이 인식 불가능(ἀκατάληπτα)하지만, 사물 자체의 본성과 관련해서는 대상들이 인식 가능하다고 주장했다.[111] 더구나 안티오코스는 사실상 스토아 철학을 아카데미아학파에 접목시켰다. 그래서 안티오코스와 관련해서 사람들은 '그가 아카데미아 안에서 스토아 철학을 연마한다'고 평가했다. 왜냐하면 그는 스토아 철학 이론이 이미 플라톤에게서 발견되고

---

110) 키오스 출신 아리스톤은 스토아 철학자 제논의 제자였으며, 디오도로스 크로노스는 메가라학파 철학자였다. 이 구절은 Homer, *Ilias* VI 181(키마이라가 '앞모습은 사자요, 뒷모습은 뱀, 그리고 옆모습은 염소였다')의 패러디다.

111) Cicero, *Lucullus* 34 및 Photius, *Bibliotheca* 212. 170 a22 참고.

있음을 입증하고자 했기 때문이다. 이렇게 볼 때, 회의주의의 길이 소위 제4의 아카데미아 또는 제5의 아카데미아 철학과 어떻게 다른지 분명히 밝혀졌다.

제2권

1. 회의주의자가 독단주의자들의 논의 내용에 관해 탐구할 수 있는가

[1] 독단주의자들에 대한 비판적 탐구를 우리가 목표로 하고 있으므로, '철학'이라고 일컬어지는 학문의 각 부분들을 간략하고 개괄적으로 검토해 보기로 하자. 우선 우리는 "회의주의자가 독단주의자들의 독단적 탐구 대상에 관해서 탐구를 이행할 수도 없으며, 보다 일반적으로 말해서 이런 대상들에 대해 사유할 수도 없다"고 항상 줄기차게 주장하는 자들에 대해 답변해 보겠다.

[2] 그들[112]은 주장하기를, 회의주의자는 독단주의자들에 의해 논의되는 내용을 파악(καταλαμβάνει: 인식)하거나 혹은 파악하지 못한다. 그런데 만일 회의주의자가 그 내용을 파악하고 있다면, 그가 파악하고 있다고 주장하는 내용에 대해서 어떻게 의문을 가질 수 있겠는가? 반대로 만일 그가 그 내용을 파악하고 있지 않다면, 자신이 미처 파악하지도 못한 내용에 관해서 어떻게 논의해야 할지도 알 수 없을 것이다. [3] 왜냐하면 가령 소거 논변[113]이

112) 특히 스토아학파와 에피쿠로스학파.

나 복합 가정으로 구성된 정리(定理)[114]를 알지 못하는 사람이 이런 논변들에 대해 아무것도 논의할 수 없는 것과 마찬가지로, 독단주의자들의 논의 내용 각각을 알지 못하는 사람은 자신이 알지도 못하는 내용과 관련해서 독단주의자들을 비판적으로 탐구할 수 없을 것이기 때문이다. 그러므로 어떤 경우이건 간에 회의주의자는 독단주의자들의 논의 내용을 탐구할 수 없다는 것이다.

[4] 그러나 위와 같은 논변을 제기하는 자들은 여기서 '파악하다(καταλαμβάνειν: 혹은 인식하다)'라는 단어를 어떤 의미로 사용하는지 우리에게 답변해 주어야 한다. 즉 이 말은 우리가 논의하고 있는 대상들의 실재성을 주장하지 않고, 단순히 '…에 관해 사유하다(νοεῖν)'라는 의미로 사용되는가? 아니면 '사유함'이라는 의미와 함께, 논의되고 있는 대상들이 실재함을 상정하고 있는가?

만일 그들이 '파악하다(혹은 인식하다)'라는 단어가 자

---

113) 이 논변은 다른 곳에서 언급되고 있지 않다. 아마도 연쇄 삼단논법의 일종인 듯하다.

114) 가령 P이면 Q다.
또한 -P이면 Q다.
(그런데 P이거나 -P다.)
따라서 Q다.

신들의 논변 속에서 '대상을 분명히 인식하게 하는 감각표상(καταλεπτικὴ φαντασία)에 대해 동의함(συγκατατίθεσθαι)에 대해 동의함(συγκατατίθεσθαι)'이라는 의미—여기서 '대상을 분명히 인식하게 하는 감각표상'이란 실재하는 대상(ὑπάρχον)으로부터 생겨나며, 실재하는 대상 자체와 일치하게 (우리 마음속에) 표상되고 각인된 것이며, 비실재적인 대상으로부터 생겨날 수 없는 감각표상이다[115)]—로 사용되었음을 주장하는 것이라면, 아마도 그들은 자신이 이런 방식으로 인식하지 못한 대상들을 탐구할 수 없다는 사실을 스스로 인정하지 않으려 할 것이다. [5] 가령 스토아 철학자가 에피쿠로스학파의 주장—즉 '실재하는 대상은 분할된다'나 '신은 우주 안에 생겨나는 사건들을 미리 알고 있지 않다(οὐ προνοεῖ: 또는 보살피지 않는다)' 혹은 '즐거움은 좋은 것이다'—에 대해 비판적으로 탐구할 때, 그는 이런 주장들을 인식했는가 인식하지

---

115) '대상을 분명히 인식하게 하는 감각표상(καταλεπτικὴ φαντασία)'은 스토아 인식론의 핵심적 용어라고 볼 수 있다. 다시 말해 스토아학파에 따르면, 비실재적인 감각표상도 존재하지만, καταλεπτικὴ φαντασία가 존재하기 때문에, 우리는 이를 통해서 올바른 앎에 도달할 수 있다. καταλεπτικὴ φαντασία의 정의와 관련해서는 *M.* VII 248, 402, 426과 *DL.* VII 46 및 Cicero, *Lucullus* 24. 77~78 참고.

못했는가? 만약 스토아 철학자가 에피쿠로스학파의 이 같은 독단적 견해를 인식했다면, 그는 에피쿠로스학파의 주장이 사실이라고 말함으로써, 스토아 철학을 완전히 포기하게 된다. 반면 그가 에피쿠로스학파의 주장을 인식하지 못했다면, 그는 에피쿠로스학파에 대해 아무런 반론도 주장할 수 없다.

[6] 그 밖의 학파에 속한 사람들이 자기 학파와 상이한 입장을 가진 자들의 견해에 대해서 비판적으로 탐구하고자 할 때도, 이와 유사한 반박이 제기될 수 있다. 따라서 독단주의자들은 어떤 주제와 관련해서 서로 논박할 수 없다.

아니면—쓸모없는 소리를 지껄이지 않으려고 하는 말인데—, 만일 앞서 말한 것과 같은 방식으로 인식되지 않는 대상에 대해서 탐구하는 일이 가능하지 않는다는 점을 인정한다면, 소위 독단주의 철학이라고 일컬어지는 것 전체가 혼란에 빠질 것이고, 반대로 회의주의 철학은 활발히 약진할 것이다. [7] 그 이유는 다음과 같다. 불분명한 대상에 관해서 확언하고 독단적 견해를 가지는 사람은 자신이 그 대상을 인식했거나 혹은 인식하지 않은 채 그 대상에 관해서 확언한다고 말할 것이지만, 만일 그가 탐구대상을 인식하지 않았다면 그는 설득력을 잃게 될 것이다. 반면 그가 탐구대상을 인식했다면, 그는 그 대상을 직접적이고 그 자체로 또한 분명한 감각 인상을 획득함으로써 인식했거나, 혹은 다른 어떤 연구나 탐구를 통해서 인식했다고 주장할 것이다. [8] 하지만 만약 불분명한 대상이 독단주의자에게 직접적이고 그 자체로 분명하게 표상되어서 인식된 것이라면, 이 경우에 그 대상은 결코 불분명하다고 말할 수 없다. 오히려 그것은 모든 사람들에게 똑같이 명백히 보이고, 모든 이의 동의를 얻을 것이며, 논란의 대상이 되지 않을 것이다. 독단주의자들 사이에는 불분명한 대상들 각각에 관해 끝없는 논쟁이 벌어졌기 때문이다. 따라서 불확실한 대상의 실재성에 대해서 주장하고 확언하는 독단주의자는, 불분명한 대상을 그 자체로 분명하게 자신에게 표상된 것으로서 인식했을 리 없다. [9] 반면 그의 인식 작용이 어떤 연구 활동을 통한 것이라면, －앞서 주어진 전제에 의거해서 볼 때－어떻게 그가 그 대상을 정확히 인식하기도 전에 그것을 미리 탐구할 수 있었다는 말인가? 왜냐하면 탐구활동에 요구되는 전제조건은, '탐구하고자 하는 대상이 먼저 정확히 인식된 후에야 탐구가 가능하다는 것'이기 때문이다. 그런데 탐구되고 있는 대상을 인식하는 데에는, 또다시 그 대상이 이미 탐구되어야 했음이 요구된다. 따라서 이렇듯 순환논증의 오류에 빠지게 되기 때문에, 독단주의자들은 불분명한 대상들에 관해서 탐구하고 독단적 견해를 가질 수 없게 되는 것이다. 왜냐하면 만일 어떤 이들이 인식을 출발점으로 삼고자 한다면, 우리는 인식하기에 앞서 미리 그 대상에 대해 탐구해야 함을 요구하면서 그들을 압박할 것인 반면, 독단주의자들이 탐구를 출발점으로 삼을 경우에는, 탐구하기에 앞서 그들이 탐구하려는 대상을 인식해야 한다고 요구할 것이기 때문이다. 그러므로 이런 이유로 독단주의자들은 불분명한 대상을 인식할 수도 없으며, 이에 관해서 확언하면서 주장할 수도 없다. 내가 생각하기에는, 이로부터 다음과 같은 결론이 귀결될 것이다. 즉 독단주의자들의 현묘한 달변이 논파될 것이고, 판단유보를 야기하는 철학이 도입될 것이다.

[10] 하지만 만약 앞서 말한 것과 같은 종류의 인식이 탐구에 선행해야 하는 것이 아니라, 단순히 사유함이 탐구에 선행하는 것이라고 그들이 주장하고 있다면, 불분명한 대상의 실재성과 관련해서 판단을 유보하는 사람들에게 탐구는 불가능한 일이 아닐 것이다.[116] 왜냐하면 내가 생

116) 다시 말해 인식이 탐구활동의 선행조건이 아니므로, 회의주의자들도 탐구활동을 수행할 수 있다.

각하기에는, 회의주의자도 사유 작용을 포기할 필요가 없기 때문이다. 만약 그에게 수동적으로 표상되며 분명히 현상되는 대상들로부터 추론을 통해서 사유 작용이 생겨날 경우, 또한 그 사유 작용이 사유되는 대상들의 실재성을 전혀 함축하지 않는다면 말이다. 왜냐하면 그들이 주장하는 바에 따르면, 우리는 실재대상뿐 아니라 존재하지 않는 것들에 대해서도 사유할 수 있기 때문이다. 따라서 판단을 유보하는 사람은 탐구하고 사유할 때도 회의주의적 태도를 유지한다. 왜냐하면 이미 입증된 바와 같이,[117] 회의주의자는 자신에게 수동적 감각표상 형태로 주어지는 것들에 대해서, 그 대상이 그에게 보이는 바 그대로 동의하기 때문이다.

[11] 그러면 이런 경우에 독단주의자들이 탐구를 포기해야 하는 것은 아닌지 검토해 보라. 왜냐하면 대상들이 본성에 있어서 어떠한지 알지 못한다고 인정하는 사람들은 그 대상에 관해 탐구를 지속하지 말라는 법이 없지만, 대상들을 분명히 안다고 생각하는 자들이 탐구를 계속 진행하는 것은 앞뒤가 맞지 않는 일이기 때문이다. 즉 후자[118]의 경우, 그들이 가정하는 것처럼, 탐구가 이미 결론

117) *PH.* I 13 참고.

에 도달했다. 반면 전자[119]의 경우에는, 모든 탐구가 근거하고 있는 기초―다시 말해 아직 진리를 발견하지 못했다는 믿음―가 여전히 건재하고 있다.

[12] 그러므로 현재로서 우리는 소위 철학이라고 일컬어지는 것의 분과들 각각에 대해서 간략하게 검토해야 할 것이다. 그런데 독단주의 철학자들 사이에는 철학의 분과와 관련해서 극심한 논쟁이 있어왔다. 가령 어떤 이들은 철학이 오직 한 부분으로 이루어진다고 주장했고, 다른 이들은 철학의 분과가 둘이라고 주장했으며, 셋이라고 주장한 자들도 있었다. 이런 논쟁에 관해 지금 더 상세히 논의하는 것은 적절치 않을 것이다. 그러므로 우리는 이 문제에 관해 보다 완전하게 숙고했다고 생각되는 사람들의 견해를 공정하게 기술한 후, 이에 기초해서 우리의 논의를 전개해 나갈 것이다.

---

118) 독단주의자들. 혹은 탐구대상을 분명히 안다고 생각하는 자들.

119) 회의주의자들. 혹은 대상이 본성상 어떤 것인지 알지 못한다고 인정하는 자들.

2. 독단주의자들에 대한 비판적 탐구는 어디로부터 시작되어야 하는가

[13] 그러니까 스토아 철학자들과 다른 어떤 이들[120]은 철학의 분과가 셋－즉 논리학, 자연학 그리고 윤리학－이라고 주장한다. 그리고 어떤 분과로부터 철학 활동을 시작해야 하는지에 관해서는 상당한 의견차이가 존재하지만, 그들은 논리학으로부터 철학적 가르침을 시작하고 있다. 우리는 어떠한 독단적 견해도 가지지 않은 채 이들의 주장을 그대로 따라가 볼 것이다. 또한 세 가지 철학 분과에서 논의되고 있는 것들은 판단(κρίσις)과 판단기준(κριτήριον)을 필요로 하고 있으며, 판단기준과 관련된 논의가 논리학 분과에 포함되는 것이 합당한 듯하다. 따라서 우리는 먼저 판단기준과 관련된 논의 및 논리학 분과로부터 검토해 보기로 하겠다.

120) 여기서 말하는 '다른 이들'은 플라톤과 크세노크라테스, 그리고 페리파토스학파와 에피쿠로스학파를 가리킨다.

3. (판단)기준에 관하여

[14] 먼저 우리는 비록 '기준(κριτήριον)'이라는 용어가, 독단주의자들이 주장하는 것처럼, '이를 통해 사물의 실재와 비실재를 판별하는 근거'를 가리키기도 하지만, '그것을 주목함으로써 우리가 삶을 영위할 수 있는 수단'을 의미하기도 한다는 사실을 지적하고자 한다. 그런데 현재 우리의 목표는 이른바 '진리의 판단기준(κριτήριον τῆς ἀληθείας)'이라고 일컬어지는 것에 대해 논의하는 것이다. 왜냐하면 우리는 이미 회의주의에 관하여 논의하면서 다른 의미의 기준[121]에 대해서 상세히 다룬 바 있기 때문이다.

[15] 현재 우리가 논의하고자 하는 판단기준은 크게 세 가지 의미－일반적 의미(κοινῶς), 특수한 의미(ἰδίως), 매우 특수한 의미(ἰδιαίτατα)－를 가진다. 일반적 의미의 판단기준은 인식을 위한 모든 척도를 말하며, 이런 의미에서 시각 같은 자연적인 것들도 '판단기준'이라고 일컬어진

121) 즉 섹스투스는 이미 회의주의자의 행동기준에 관해 논의한 바 있다. *PH.* I 21～24 참고.

다. 한편 특수한 의미의 판단기준은 인식을 위한 모든 전문적 척도를 가리킨다. 가령 자나 작도기 등을 예로 들 수 있다. 마지막으로 매우 특수한 의미의 판단기준은 불분명한 대상의 인식을 위한 모든 전문적 척도를 뜻한다. 하지만 일상생활에 사용되는 판단기준[122]은 이러한 의미의 판단기준이라고 일컬어지지 않으며, 오직 논리적 판단기준과 독단주의자들이 진리를 판가름하기 위해서 제시하는 것들에만 이러한 의미가 적용된다.

[16] 그렇다면 우리는 일차적으로 논리적 판단기준에 대해서 상세히 논의할 것을 제안한다. 그런데 사실 논리적 판단기준 또한 세 가지 의미－즉 '…에 의하여(ὑφ' οὗ)'와 '…을 통하여(δι' οὗ)' 그리고 '…에 따라서(καθ' ὅ)'－로 사용된다. 이들 중 '…에 의하여'는 (판단 주체로서의) 사람을 가리키고, '…을 통하여'는 (판단의 수단으로서) 감각과 사고를 가리킨다. 한편 '…에 따라서'는 감각표상의 적용(προσβολὴ τῆς φαντασίας)을 의미하는데, 이를 통해서 사람은 위에서 언급한 판단 수단들 중 어떤 것을 사용해서 판단을 내리도록 시도하게 된다.[123]

---

122) 이를테면 무게나 거리의 기준들.

123) 섹스투스는 *M.* VII 35 이하에서, 논리적 판단기준의 세 가지 의미

[17] 아마도 위와 같은 것들을 미리 언급하는 일은, 우리의 논의가 무엇에 관한 것인지 이해시키는 데 적절했을 것이다. 그러면 이제 우리가 해야 할 일은, 진리의 기준을 획득했다고 성급하게 주장하는 자들에 대항해서 반론을 제기하는 것이다. 우리는 (이 문제와 관련된) 의견 대립에서 출발하고자 한다.

의 사례로서 목수와 자, 그리고 그가 자를 사용함을 언급하고 있다.

4. 진리의 기준이 존재하는가

[18] 판단기준에 관해서 논의한 자들 중에서, 어떤 이들 ─가령 스토아 철학자들이나 다른 어떤 자들─은 판단기준이 존재한다고 주장했으며, 다른 자들은 판단기준이 존재하지 않는다고 주장했다. 판단기준의 존재를 부인한 자들 중에는, 코린토스 출신의 크세니아데스[124]나 콜로폰의 크세노파네스 같은 이들이 있었는데, 크세노파네스는 '모든 것 위에 믿음(δόκος)이 존재한다'[125]고 말했다. 그러나 우리는 판단기준이 존재하는지 존재하지 않는지에 관해서 판단을 유보한다.

[19] 그들은 이러한 의견의 불일치가 해소 가능하거나 아니면 해소 가능하지 않다고 주장할 것이다. 그런데 만일 의견의 불일치가 해소 불가능하다면, 그들은 곧바로 판단을 유보해야 함을 인정하게 된다. 반면 의견의 불일치가 해소 가능하다면, 우리가 만장일치로 채택된 판단기준

---

124) 오직 섹스투스만이 크세니아데스의 견해를 우리에게 전하고 있다. 섹스투스에 따르면, 크세니아데스는 '모든 것은 거짓이다'고 주장했다. *M.* VII 53 참고.

125) *M.* VII 49~52 참고.

도 가지고 있지 않을 뿐더러, 도대체 판단기준이 존재하는지 알지도 못한 채 이 문제에 대해서 탐구하고 있으므로, 그들은 우리가 무엇을 가지고 판단을 내려야 하는지 가르쳐주어야 한다.

[20] 더구나 판단기준과 관련해서 발생한 의견의 불일치가 해결되기 위해서는, 우리는 만장일치로 인정된 판단기준을 가져야 하며, 이를 통해서 의견의 불일치를 해결할 수 있게 될 것이다. 그런데 만장일치로 인정된 판단기준을 가지려면, 먼저 판단기준과 관련한 논란이 해소되어야 한다. 그렇다면 이 같은 논증은 결국 순환논증의 오류에 빠지게 되므로, 판단기준을 발견할 길이 막히게 되는 것이다. 왜냐하면 우리는 독단주의자들로 하여금 판단기준을 (독단적) 가설을 통해 전제하도록 허용하지도 않을 것이기 때문이다. 그리고 만일 그들이 판단기준을 가지고 판단기준을 평가하고자 한다면, 우리는 그들을 무한소급에 빠뜨릴 것이다.

그뿐 아니라 증명이란 것은 증명된 판단기준을 요구하는 것인 한편, 판단기준은 이미 확립된 증명을 필요로 하므로, 이들은 결국 순환논증에 빠지게 되는 것이다.

[21] 우리는 위와 같은 논증이 판단기준과 관련된 논의에 있어서 독단주의자들의 성급함을 입증하는 데 충분할

것이라고 생각한다. 하지만 독단주의자들을 보다 다양하게 논파하려면, 이 주제와 관련해서 충실히 논의하는 것도 부적절하지 않을 것이다. 물론 우리가 판단기준에 관한 독단주의자들의 견해 각각을 하나씩 논쟁 대상으로 삼겠다고 제안하는 것은 아니다. (왜냐하면 그들의 논란은 이루 헤아릴 수 없이 광대한 분야에서 발생했으며, 이 때문에 우리의 논의 또한 필연적으로 무질서하게 될 것이기 때문이다.) 우리가 비판적으로 탐구하고자 하는 판단기준은 삼중적인 것－다시 말해 '…에 의하여(ὑφ' οὗ)'와 '…을 통하여(δι' οὗ)' 그리고 '…에 따라서(καθ' ὅ)'－이라고 생각되므로, 우리는 이들 각각을 순서대로 상세히 다룰 것이며, (독단주의자들의) 판단기준이 인식 가능하지 않음을 확립할 것이다. 왜냐하면 이렇게 할 때, 우리의 논의가 조직적(ἐμμέθοδος: 체계적)인 동시에 완전하게 될 것이기 때문이다.

그러면 '…에 의하여(ὑφ' οὗ)'라는 판단기준에 관해 검토하기 시작해 보자. 왜냐하면 나머지 두 판단기준들도 첫 번째 판단기준에 귀속되는 난점들을 어느 정도 공유할 것이라고 여겨지기 때문이다.

5. '…에 의하여(ὑφ' οὗ)'라는 판단기준에 관하여

[22] 독단주의자들이 주장하는 바와 관련지어 보면, 인간[126]이라는 것은 내가 보기에 인식 가능하지도 않을 뿐더러, 불가해하다고 생각된다. 우리는 플라톤의 대화편에서 소크라테스가 자신이 인간인지 아니면 다른 어떤 것인지 알지 못한다고 분명히 고백했다는 일화를 듣는다.[127] 독단주의자들이 '인간'이라는 개념의 의미를 확립하고자 할 때, 일차적으로 그들은 의견의 일치를 보지 못하며, 다음으로는 이해할 수도 없는 이야기들을 늘어놓는다.

[23] 이를테면 데모크리토스는 '인간이란 우리 모두가 아는 것이다'라고 주장했다.[128] 하지만 이러한 견해와 관련된 한, 우리는 인간을 알지 못할 것이다. 왜냐하면 우리는 개가 무엇인지도 알고 있는데, 이에 따르면 개도 인간이 될 것이기 때문이다. 반면 우리가 알지 못하는 사람들도 존재하는데, (데모크리토스의 정의에 따르면) 그 사람

---

126) 여기서 '인간'은 판단의 주체를 의미한다.

127) 여기서 섹스투스는 Plato, *Phaedrus* 229e 이하의 내용을 고의로 왜곡하고 있다.

128) *M.* VII 265~266 참고.

들은 인간이 아니게 된다. 혹은 이러한 인간 개념과 관련해 생각해 볼 때, 차라리 어느 누구도 인간일 수 없을 것이다. 왜냐하면 만일 데모크리토스가 주장하는 내용이 '인간이란 모든 사람이 아는 것'이라면, 모든 사람이 다 알고 있는 사람은 아무도 없으므로, 데모크리토스의 주장에 따르면 어떤 사람도 인간일 수 없을 것이기 때문이다.[129]

[24] 앞서 말한 내용이 데모크리토스 자신의 견해와 연장선상에 놓여 있다는 점을 고려할 때, 우리가 지금 궤변을 늘어놓고 있는 것은 아님이 분명해 보인다. 왜냐하면 그는 진실로 실재하는 것은 오직 원자들과 허공뿐이라고 주장했기 때문이다. 데모크리토스는 원자들이 비단 동물들뿐 아니라 모든 혼합물들이 존재하는 데 기초가 된다고 말한다.[130] 그러므로 이러한 구성 요소들과 관련해서 생각해 볼 때, 우리는 인간의 고유성을 생각해 내지 못할 것이다. 왜냐하면 원자들은 모든 대상들에 공통된 것이기 때문이다. 또한 원자들 이외에는 어떠한 구성 요소도 존재하지 않는다. 따라서 우리는 인간을 다른 동물들과 구

---

129) 여기까지 섹스투스의 논변은 '인간'을 '모든 사람이 다 아는 것'과 동의어로 가정했을 때 발생하는 난점들이다.

130) Plutarch, *Adversus Colotem* 1110e 참고.

별시켜주며 인간에만 고유한 개념을 사유할 수 있게 해주는 어떠한 수단도 발견할 수 없다.

[28] 플라톤이 인간을 '정치적인 앎을 획득할 수 있으며, 넓은 손톱을 지닌, 털 없는 두발짐승'이라고 규정했을 때,[131] 그는 확신을 가지고 이러한 내용을 주장하고자 한 것이 아니다. 왜냐하면 그가 말하고 있는 것처럼, 인간이 생성되기는 하지만(γινόμενα) 실제로 존재하지는 않는 대상들 (ὄντως δὲ οὐδέποτε ὄντα) 중 어떤 하나라고 한다면, 또한 그의 주장처럼, 존재하지 않는 것들에 관해서 확언하는 것이 불가능하다면,[132] 플라톤은 인간에 대한 규정을 제시하면서 확언하고자 한 것이 아니라, 그가 늘 그러했듯이,[133] 개연성(πιθανόν)에 따라서 말하고자 했던 것이기 때문이다.

[29] 만일 우리가 양보해서, 인간 개념이 이해 가능하다(ἐπινοεῖσθαι: 혹은 사유 가능하다)고 인정한다고 하더라도, 우리는 그 개념이 인식 가능하지 않음을 발견하게 될 것이다. 왜냐하면 인간은 몸과 마음으로 구성되는데, 몸

---

131) *M.* VII 281과 *PH.* II 211 및 *DL.* VI 40 참고.

132) Plato, *Theaetetus* 152d 및 *Timaeus* 27d 참고.

133) *PH.* I 221 이하 참고.

은 인식되지 않으며 아마도 마음 또한 인식되지 않을 것이기 때문이다. 그렇다면 인간 또한 인식 가능하지 않다. [30] 몸이 인식되지 않는다는 사실은 다음과 같은 점을 고려할 때 분명하다. 어떤 대상의 속성들은, 그 속성들을 담고 있는 대상과 다르다. 그러므로 색깔 혹은 다른 어떤 종류의 속성들이 우리에게 표상되었을 때, 우리에게 표상되는 것은 아마도 물체에 속한 속성들이지, 그 물체 자체가 아니다. 물론 독단주의자들은 물체가 삼차원으로 연장되어 있다고 주장한다. 그렇다면 물체를 인식하려면, 우리는 그 물체의 길이와 너비 그리고 두께를 파악해야 한다. [그런데 우리는 물체의 두께를 파악할 수 없다.][134] 왜냐하면 두께가 우리에게 표상되었더라면, 우리는 은박 입힌 금화를 식별해 낼 수 있었을 것이기 때문이다.[135] 그러므로 우리는 물체 또한 인식할 수 없다.

[31] 하지만 물체(또는 몸)와 연관된 논란은 제쳐두더라도, 인간은 인식 불가능하다. 왜냐하면 그 마음이 인식

---

134) 원래 이 부분은 사본에 있지 않다. 하지만 문맥을 고려해서 Kayser가 첨가했다.

135) *M.* VII 299에 따르면, 우리 시각은 대상의 겉 표면만을 관찰할 수 있을 뿐, 속까지 뚫어보지 못한다. 이 때문에 우리는 금박 입힌 청동주화와 진짜 금화를 구별하지 못한다.

불가능하기 때문이다. 마음이 인식 가능하지 않다는 사실은 다음과 같은 점을 고려할 때 분명하다. (이 문제와 관련한 길고 끝나지 않는 논쟁을 생략하기 위해서 하는 말인데,) 마음에 관해서 논의한 자들 중에서, 어떤 이들—이를테면 메세네의 디카이아르코스[136]—은 마음이 존재하지 않는다고 주장했으며, 다른 이들은 마음이 존재한다고 주장한 반면, 또 다른 이들은 이와 관련해서 판단을 유보했다.

[32] 만약 이러한 논쟁이 해결 불가능하다고 독단주의자들이 말한다면, 그들은 마음이 인식 불가능함을 즉석에서 인정하는 셈일 것이다. 반면 만일 마음과 관련된 논쟁이 해결 가능하다고 주장한다면, 독단주의자들은 무엇을 가지고 논쟁을 해결할 것인지 밝혀야 한다. 왜냐하면 독단주의자들은 마음이 사유 대상이라고 주장하므로, 마음과 관련된 논란을 감각을 통해서 해결할 것이라고 말할 수는 없을 것이기 때문이다. 하지만 만일 그들이 마음과 관련된 논쟁을 사고(διάνοια)를 통해 해소할 수 있다고 주장한다면, 우리는 그들에게 다음과 같이 대답할 것이다.

136) 디카이아르코스는 아리스토텔레스의 제자였다. 그와 관련해서는 *M.* VII 349 및 Cicero, *Tusculanae disputationes* I X 21 참고.

사고란 우리 마음 중에서 가장 불분명한 부분이며, 영혼의 실재에 대해서 동의하는 자들도 사고와 관련해서는 의견을 달리한다는 사실은 사고의 불분명함을 입증해 준다. [33] 따라서 독단주의자들이 사고를 통해서 마음을 인식하고, 또한 마음과 관련된 논쟁을 해결하고자 한다면, 그들은 더 의문스러운 것을 가지고서 덜 의문스러운 것을 판가름하고 확증하고자 하는 것이다. 이런 일은 당연히 불합리하다. 따라서 마음과 관련된 논쟁은 사고를 통해서도 해결되지 않을 것이며, 다른 어떤 방식으로도 해결되지 않을 것이다. 만약 사정이 이러하다면, 마음은 인식 가능하지 않다. 이렇게 볼 때, 인간 또한 인식 가능하지 않을 것이다.[137]

[34] 그런데 설령 인간 개념이 인식 가능하다고 인정하더라도, 대상들이 인간에 의해서 판정되어야 함(κρίνεσθαι)[138]을 입증하는 것은 가능하지 않다. 그 이유는 다음과 같다. 대상들이 인간에 의해서 판정되어야 한다고 주장하

137) 섹스투스에 따르면, 인간은 몸과 마음으로 구성되어 있는데, 몸과 마음이 모두 인식 불가능한 대상이므로, 그 결합체인 인간 또한 인식 가능하지 않다.

138) 앞으로 우리는 κρίνειν이라는 동사를 문맥에 따라서 '판단하다', '판가름하다', '판정하다', '평가하다' 등으로 번역할 것이다.

는 자는 증명(또는 증거)을 제시하면서 그렇게 주장하거나 아니면 증명을 제시함 없이 그렇게 주장할 텐데, 증명을 제시하면서 그렇게 주장할 수는 없다. 왜냐하면 증명이라는 것은 참이고 검증된(κεκριμένη) 것이어야 하는데, 이렇게 볼 때 어떤 것에 의해 검증된 것이기 때문이다. 그런데 우리는 증명 그 자체가 무슨 기준에 의해서 검증될 수 있는지에 대해 만장일치의 설명을 제시할 수 없기 때문에, (왜냐하면 우리는 지금 '…에 의하여(ὑφ' οὗ)'라는 판단기준에 관해 비판적으로 탐구하고 있기 때문이다.) 우리는 증명을 검증할 수 없다. 이런 이유로 판단기준—현재 우리의 논의는 이것과 관련한 것이다—또한 증명되지 않는다. [35] 한편 대상들이 인간에 의해 판정되어야 함을 증명도 제시하지 않은 채 주장한다면, 이런 주장은 설득력을 잃을 것이다. 따라서 우리는 '…에 의하여(ὑφ' οὗ)'라는 판단기준[139)]이 인간임을 확증할 수 없다.

더구나 인간이 '…에 의하여(ὑφ' οὗ)'라는 판단기준이라는 주장이 어떤 판단 주체에 의해서 판정될 것인가? 만약 독단주의자들이 판가름을 내리지도 않고서 이런 주장을 하는 것이라면, 그들은 설득력을 잃을 것이다. 한편 만

139) 다시 말해 판단의 주체.

일 이런 주장이 '인간에 의해서' 판가름 가능하다고 말한다면, 그들은 아직 탐구되고 있는 대상을 당연한 것으로 가정하는 잘못을 저지르고 있는 것이다.[140] [36] 그렇다고 해서 (인간 이외의) 다른 동물에 의해서 판가름 가능하다고 말한다면, 인간이 판단기준인지 아닌지를 판가름하기 위한 수단으로 어떻게 다른 동물이 채택될 수 있겠는가? 만일 판단을 내리지 않고 그렇게 말했다면, 설득력을 잃을 것인 반면, 판정 지으면서 그렇게 주장했다면, 이것 또한 다른 어떤 것에 의해서 판정되어야 할 것이다. 또한 만일 그것이 자기 자신에 의해 판정된다면, 동일한 불합리함이 남게 된다. (왜냐하면 탐구되고 있는 대상이 탐구되고 있는 대상에 의해서 판가름될 것이기 때문이다.) 한편 인간이 '…에 의하여(ὑφ' οὗ)'라는 판단기준이라는 주장이, 인간에 의해서 판정 가능하다고 말한다면, 순환논증에 빠지고 만다. 반면 앞서 언급한 것들 이외의 다른 어떤 주체에 의해서 판가름 가능하다고 할 경우, 우리는 이러한 기준에 대해서 또다시 '…에 의하여(ὑφ' οὗ)'라는 판단기준을 요구할 것이며, 이런 과정은 무한히 지속될 것이다. 그러므로 이렇게 볼 때, 우리는 대상들이 인간에 의해서 판정되

140) 선결문제 요구의 오류를 범하고 있는 셈이다.

어야 한다고 말할 수 없다.

[37] 하지만 대상들이 인간에 의해서 판가름되어야 한다는 것을 용인하고 추종해 보기로 하자. 그렇다면 사람들 사이에는 상당한 다양성이 존재하므로,[141] 독단주의자들은 먼저 우리가 주목해야 할 자가 '이 사람'이라는 점을 서로 동의하도록 하라. 그리고 오직 그때에만 우리로 하여금 그에게 동의할 것을 요청하도록 하라. 그러나 만일 이 문제[142]와 관련해서 독단주의자들이 논란을 벌이게 되어서, 마치 속담이 말하는 것처럼, '물이 흐르고 나무가 자라나듯 길게'[143] 논란이 지속된다면, 그들은 어떻게 우리가 성급하게 어떤 이에게 동의해야 한다고 촉구할 수 있겠는가?

[38] 만약 우리가 현자에 따라야 한다고 독단주의자들이 주장한다면, 우리는 물을 것이다. "도대체 어떤 현자에

---

141) 판단유보를 위한 두 번째 논증방식. *PH.* I 79~81 참고.

142) 사람들은 저마다 다른데, 그러면 어떤 사람을 판단의 기준이라고 간주해야 하는가? 섹스투스는 독단주의자들이 먼저 이 문제에 대해서 만장일치에 이른 후에, 그 사람을 판단 주체로 삼을 것을 요구하고 있다.

143) 이 구절은 미다스 왕의 무덤의 묘비에 있던 것을 플라톤이 인용한 것이다. Plato, *Phaedrus* 264d 참고. 섹스투스는 이 구절을 *M.* VIII 184와 *M.* I 28에서도 인용하고 있다.

따를 것인가? 에피쿠로스의 현자인가, 혹은 스토아학파의 현자인가, 아니면 키레네학파의 현자 또는 견유학파의 현자인가?" 왜냐하면 독단주의자들은 이 물음에 대해서 만장일치의 답변을 제공할 수 없을 것이기 때문이다. [39] 만일 어떤 사람이 우리에게 현자와 관련된 탐구를 그만두고, 모든 사람들 중에서 가장 총명한 자(συνετώτερος)를 그냥 믿을 것을 요구한다면, 일차적으로 독단주의자들은 누가 다른 사람들보다 더 총명한가를 놓고서 논란을 벌일 것이며, 다음으로 설령 현재 존재하는 사람들이나 과거에 존재했던 사람들보다 어떤 사람이 더 총명한가에 관해 독단주의자들이 만장일치로 받아들일 수 있다고 해도, 이 사람은 믿을 만하지 않을 것이다. [40] 왜냐하면 이해력이 진보하거나 감퇴하는 정도는 매우 커서, 거의 헤아릴 수 없을 정도이기 때문이다. 그렇기 때문에 지금은 이 사람이 과거의 사람들이나 동시대인들보다 더 총명하다고 말할 수 있지만, 이 사람보다 다른 사람이 더 총명하게 될 수도 있는 것이다. 그렇다면 우리가 지금 총명함으로 인해서 다른 동시대 사람들이나 이전 세대의 사람들보다 더 사려 깊다(φρονιμώτερος)고 말해지는 사람을 믿고 따라야 한다고 요구되는 것과 마찬가지로, 차후에는 지금 총명한 자보다 더 총명한 사람이 생겨날 것이므로 우리가 그 사람을 더 믿어야 할 것이다. 하지만 미래에 총명한 사람이 출현한 이후에, 또다시 그보다 총명한 자가 나타나리라고 기대하는 것이 마땅하다. 그리고 이러한 일은 무한히 반복될 것이다.

[43] 한편 우리가 다수의 동의에 주목해야 한다고 주장하는 사람이 있다면, 우리는 이와 같은 일이 부질없는 것이라고 말할 것이다. 그 첫 번째 이유는 참된 것이 아마도 희소한 것이며, 이런 이유로 한 사람이 다수의 사람들보다 더 사려 깊게 될 가능성이 있기 때문이다. 다음 이유는 각각의 판단기준에 대해서, 그것에 동의하는 자들보다 그것에 반대하는 사람들이 더 많이 존재한다는 점이다. 왜냐하면 공통적으로 인정된 것이라고 어떤 이들이 여기는 판단기준과는 다른 어떤 판단기준을 인정하는 사람들은, 자신이 인정하고 있지 않은 판단기준에 반대하는 것이며, 이러한 판단기준에 동의하는 사람들보다는 이에 반대하는 사람들이 훨씬 더 다수일 것이기 때문이다. …게다가 우리가 회의주의의 두 번째 논증방식에서 지적한 바 있듯이,[144] 판단들 사이의 수적 차이[145]는 인식 가능하지 않

144) 사본에는 '네 번째 논증방식에서 지적한 바 있듯이'라고 되어 있으나, 내용을 고려해 보면 '두 번째 논증방식에서'로 고치는 것이 낫다. *PH*. I 89 참고.

다. 왜냐하면 개별적인 사람들은 무한히 많이 존재하므로, 우리가 모든 사람들의 판단을 일일이 조사해서, 전 인류 중 다수가 주장하는 바가 무엇이고 소수가 주장하는 바는 무엇인지 분별할 수 없기 때문이다. 따라서 이러한 관점에서 볼 때, (그러한 판단을 내린 사람들의) 수를 기준으로 해서, 어떠한 판정자들의 판단을 선호하는 일은 부적절하다.

[46] 하지만 우리가 (판단 내리는 사람들의) 수에 대해서도 고려하지 않는다면, 결국 우리는 대상을 판단 내릴 수 있는 판단 주체[146]를 발견하지 못할 것이다. 우리가 그토록 많은 것들을 양보함으로써 (독단주의자들에게) 기회를 주었는데도 말이다. 그러므로 이러한 모든 것들을 고려할 때, '그에 의하여(ὑφ' οὗ)'대상들이 평가되어야 할 판단기준은 인식 가능하지 않다.

145) 다시 말해 다수의 견해인지 소수의 견해인지를 결정하는 것.

146) '그에 의하여(ὑφ' οὗ)' 대상들이 평가될 수 있는 판단의 주체. 다시 말해 섹스투스에 따르면, 대상이 어떤 사람에 의해서 평가될 수 있는지가 불분명하다. 그러므로 판단의 주체는 인식 가능하지 않다.

제3권

4. 원인에 관하여

[13] 독단주의자들이 실질적으로 우리에게 반박할 방법을 찾지 못한 나머지 우리를 중상모략하려고 시도할 수도 있으므로, 이를 미연에 방지하기 위해서, 우리는, 우선 원인 개념에 초점을 맞춘 후, 능동적 원인에 관해서 보다 일반적인 의문을 제기할 것이다.

독단주의자들이 주장하는 바와 관련된 한, 어느 누구도 원인이라는 것을 사유할(ἐννοῆσαι: 혹은 이해할) 수조차 없다. 왜냐하면 독단주의자들은 서로 상충하며 괴상한 원인 개념들을 제시했을 뿐 아니라, 게다가 원인에 관해서 갑론을박함으로써 원인의 실체를 발견 불가능한 것으로 만들었기 때문이다. [14] 왜냐하면 어떤 이들은 원인이 물질이라고 말하는 반면, 다른 이들은 원인이 비물질적 대상이라고 주장하기 때문이다. 이들에 따르면, 넓은 의미의 원인이란 '그것이 활동함으로써 결과를 산출하는 것'[147]이라고 생각된다. 이를테면 태양이나 태양열은 밀랍이 녹는 것 혹은 밀랍의 용해의 원인이다. 그런데 이 점에 있어

---

147) Plato, *Cratylus* 413a, *Philebus* 26e 참고.

서도 독단주의자들은 서로 논란을 벌인다. 즉 어떤 이들은 원인이 명사—가령 용해—의 원인이라고 주장하는 반면, 다른 이들은 술어—가령 녹는 것—의 원인이라고 주장한다.[148] 그러므로 내가 말한 바와 같이, 넓은 의미의 원인이란 '그것이 활동함으로써 결과가 생겨나는 것'이다.

[15] 대부분의 독단주의자들은 이러한 원인들 가운데 어떤 것들은 본질적 원인(συνεκτικά)이고, 다른 것들은 공동 원인(συναίτια)이며, 또 다른 것들은 보조적 원인(συνεργά)이라고 생각한다. 어떤 원인이 현존할 때 결과도 현존하고, 그것을 제거하면 결과 또한 제거되며, 원인을 감소시키면 결과도 감소되는 경우, 그 원인은 본질적(συνεκτικά)이다. 독단주의자들은 올가미를 걸어놓은 일이 이러한 의미에서 교수형의 원인이 된다고 주장한다. 한편 공동 원인이란, 다른 공동 원인과 동일한 힘을 발휘해서 결과가 생겨나도록 야기하는 원인이다. 독단주의자들은 쟁기를 끄는 소들 각각이 쟁기 끄는 일의 공동 원인이라고 말한다. 마지막으로 보조적 원인이란, 미약한 힘을 보탬으로써 결과가 쉽사리 산출되는 데 기여하는 원인을 가리킨다. 가령 두 사람이 무거운 물체를 힘겹게 들고 있을 때,

148) Clement, *Stromata* VIII ix 26.3~4 참고.

세 번째 사람이 가세해서 거드는 것처럼 말이다.

[16] 하지만 어떤 이들은 현재의 일들이 미래의 일들의 원인, 즉 선행적 원인(προκαταρκτικά)이라고까지 주장한다. 가령 태양에 심하게 노출되는 것은 열을 일으키는 것처럼 말이다. 하지만 다른 이들은 이러한 원인을 부정한다. 왜냐하면 원인은 어떤 존재자 즉 그 결과에 상대적이므로, 원인으로서 결과보다 선행할 수 없기 때문이다.[149)]

이러한 것들에 관한 아포리아 속에서, 우리는 다음과 같은 의문을 제기한다.

---

149) 섹스투스에 따르면 원인은 결과와 상대적이므로, 원인과 결과가 서로 동시에 존재하는 것이지 원인이 결과보다 선행할 수 없다. *PH.* II 125~126 참고.

5. 어떤 것이 다른 것의 원인일 수 있는가

[17] 원인이 존재한다는 것은 그럴듯하다. 왜냐하면 만약 어떠한 원인에 의거하지 않는다면, 어떻게 사물들이 늘어나고 줄어들고 생겨나고 소멸되며, 일반적으로 변화할 수 있겠는가? 또한 어떻게 자연적 결과물과 심리적 결과물이 존재하겠으며, 어떻게 우주 전체가 질서 있게 운행되고, 다른 모든 일들이 생겨나겠는가? 이러한 현상들 중 어떤 것도 본성적으로 실재하지 않는다고 하더라도, 우리는 대상들이 실제 모습과 다르게 우리에게 보이는 것도 필경 어떠한 원인 때문이라고 말할 것이다. [18] 더구나 아무런 원인도 없었다면, 우연에 따라서 닥치는 대로 모든 것으로부터 모든 것이 생겨났을 것이다. 가령 파리들로부터 말이 생겨나고, 개미들로부터 코끼리가 생겨났을지도 모른다.150) 그리고 이집트의 테베에 엄청난 폭우와 폭설이 내리는 반면, 남쪽 지방에는 전혀 비가 내리지 않을 것이다. 남쪽 지방에 폭우를 내리고 동쪽으로는 건조하게 하는 원인이 없다면 말이다. [19] 또한 원인이 없다고 주장하는 자

150) Lucretius, *De rerum natura* I 159~173 참고.

는 다음과 같은 이유 때문에 논박된다. 만일 그가 아무런 까닭도 없이 단순히 원인이 없다고 주장한다면, 그는 설득력을 잃을 것이다. 반면 어떤 원인(혹은 이유) 때문에 그렇게 주장한다고 말한다면, 그는 원인을 제거하려고 하면서, 다른 원인을 제시하고 있는 셈이다. 왜냐하면 그는 원인이 존재하지 않음을 입증해 줄 원인(혹은 이유)을 우리에게 제공하고 있기 때문이다.

이 때문에, 원인이 존재한다는 것은 그럴듯하다. [20] 하지만 어떠한 것도 다른 것의 원인일 수 없다고 말하는 것 또한 그럴듯하다는 사실이 분명해질 것이다. 현재로서 우리는 이러한 사실을 보여줄 만한 많은 논변들 중 몇 가지를 제시할 것이다.

이를테면 원인의 결과를 **그 원인의 결과**로서 인식하기 전에는, 원인을 사유하는(혹은 이해하는) 것이 불가능하다. 왜냐하면 우리는 결과를 결과로서 인식할 때에야, 원인이 그 결과의 원인임을 아는 것이기 때문이다. [21] 하지만 우리는 결과의 원인을 그 결과의 원인으로 인식하지 않을 경우, 원인의 결과를 그 원인의 결과로서 인식할 수 없다. 왜냐하면 우리는 결과의 원인을 그 결과의 원인으로 인식할 때에야, 그것이 그 원인의 결과임을 안다고 생각하기 때문이다. [22] 그렇다면 원인을 사유하기(혹은 이해하기) 위해서는 그 결과를 미리 알고 있어야 하며, 반대로 결과를 알기 위해서는, 내가 말한 바와 같이, 원인에 대한 선행지식을 가져야 한다. 그러므로 이 같은 순환논증의 오류는 원인과 결과 양자가 모두 불가해함을 보여준다. 즉 원인은 원인으로서 사유될(혹은 이해될) 수 없으며, 결과는 결과로서 사유될 수 없는 것이다. 왜냐하면 원인과 결과 각각이 서로에 의해 믿을 만하게 되기를 요구하므로, 둘 중 어떤 것부터 먼저 개념화해야 하는지 우리가 알 수 없기 때문이다. 이런 이유로, 우리는 어떤 것이 다른 것의 원인이라고 단언할 수 없을 것이다.

[23] 한편 원인이 사유 가능하다고 인정하더라도, 이와 관련된 논란으로 인해서 결국 원인은 인식 불가능하다고 생각될 것이다. 왜냐하면 어떤 것이 다른 것의 원인이라고 주장하는 사람도 있고, 그런 것이 존재하지 않는다고 주장하는 사람도 있는 한편, 어떤 이들은 판단을 유보했기 때문이다. 그런데 어떤 것이 다른 것의 원인이라고 주장하는 자는 아무런 합리적인 원인(혹은 까닭)에 의해 이끌리지 않은 채 단순히 그렇게 주장한다고 말하거나, 아니면 어떤 원인들 때문에 이러한 견해에 동의하는 데 이르렀다고 말할 것이다. 그런데 만일 그가 (아무런 합당한 까닭도 없이) 단순히 자신의 주장을 개진하는 것이라면, 그는 "어

떠한 것도 다른 사건의 원인이 아니다"라고 단순히 주장하는 자보다도 더 믿을 만하지 않게 될 것이다. 반면 그가 어떤 것이 다른 것의 원인이라고 생각하는 까닭(혹은 원인)을 밝힌다면, 그는 현재 탐구되고 있는 대상을 통해서 탐구대상을 입증하려고 시도하게 되는 셈이다. 왜냐하면 과연 어떤 것이 다른 것의 원인인가에 관해 우리가 탐구하고 있는데, 그는 원인이 존재하는 까닭(혹은 원인)이 있으므로 원인이 존재한다고 말하기 때문이다. [24] 더구나 현재 우리는 원인의 실재 여부에 대해 탐구하고 있으므로, 당연히 그는 원인이 존재하는 까닭에 대한 까닭을 우리에게 제시해 주어야만 할 것이다. 그리고 이에 대한 까닭을 다시 제시해야 하며, 이러한 과정은 무한히 계속될 것이다. 하지만 무한히 많은 까닭을 제시하는 것은 불가능하다. 그러므로 어떤 것이 다른 것의 원인이라고 확고하게 주장하는 일은 가능하지 않다.

[25] 게다가 원인이 결과를 산출하는 것은, 그 원인이 이미 존재하고 원인으로서 존립할 때이거나, 혹은 아직 원인이 아닐 때다. 그런데 원인이 아닐 때는, 분명히 그것은 결과를 산출할 수 없다. 반면 그것이 원인으로서 존재할 때 결과를 산출한다면, 그것이 앞서 존립하다가 우선 원인이 되었으며, 다음으로 그것이 이미 원인이 되었을 때 산

출한다고 말해지는 결과를 이와 같이 이끌어냄에 틀림없다. 하지만 원인이란 어떤 대상, 즉 그 결과에 대해 상대적인 것이므로, 그것이 원인인 한, 결과보다 앞서 존재하는 일이 명백히 불가능하다. 따라서 원인은, 그것이 원인일 때, 자신이 그 원인인 바, 결과151)를 야기할 수도 없다. [26] 그런데 만약 원인이 아직 원인이 아닐 때도 아무런 결과를 산출하지 못하며, 원인일 때도 아무런 결과를 산출하지 못한다면, 결국 원인이란 아무런 결과도 야기하지 못하는 셈이다. 그렇다면 그것은 원인이 아니게 될 것이다. 왜냐하면 어떠한 결과도 산출해 내지 못한다면, 원인은 원인이라고 이해될 수 없기 때문이다.

그러므로 어떤 이들은 다음과 같이 주장한다. 원인이란 그 결과와 동시에 존립하거나 혹은 결과보다 먼저 존재하거나 아니면 결과가 생겨난 이후에 존재하게 되는 것임에 틀림없다. 그런데 원인이 그 결과가 생겨난 이후에야 존립하게 된다고 말하는 것은 우스운 일일 것이다. 그렇다고 해서 원인이 결과보다 먼저 존재할 수도 없는 노릇이다. 왜냐하면 원인은 결과에 대해 상대적으로 사유(또는 이해)된다고 말해지기 때문이다. [27] 또한 독단주의자들

---

151) 즉 그 원인이 산출한다고 간주되는 결과.

은 상대적인 것들이, 상대적인 대상인 한, 서로 동시에 존재하며 서로 동시에 사유된다고 주장한다. 그런데 원인은 그 결과와 동시에 존립할 수도 없다. 왜냐하면 원인이 결과를 산출하는 것이고, 생성되는 것은 이미 존재하는 것에 의해 생성된다는 점을 고려할 때, 원인은 먼저 원인이 되어야 하며, 그렇게 된 이후에 결과를 만들어내야 할 것이기 때문이다. 이렇듯 원인이 그 결과보다 먼저 존립하는 것도 아니고 결과와 함께 존립하는 것도 아니라면, 또한 결과가 원인보다 먼저 생겨나는 것도 아니라면, 필경 원인은 실재성을 나누어 가지지 않을 것이다.

[29] 그러므로 이렇게 볼 때, 우리는 최종적으로 다음과 같은 결론을 얻는다. 만일 원인이 존재한다고 우리가 말해야만 함을 입증해 주는 논변들이 그럴듯하지만, 원인이 존재한다고 확언하는 것이 부적절함을 확립해 주는 논변들 또한 그럴듯하다면, 그런데 앞서 지적한 바와 같이,[152] 우리가 만장일치로 인정된 표지나 판단기준 혹은 증명을 가지고 있지 않기 때문에, 원인에 관한 두 논변들 중 어느 하나를 다른 것보다 더 선호할 수 없다면, 우리는 결국 원

152) *PH.* II 104~133(표지에 대한 논박), 18~79(판단기준에 대한 논박), 144~192(증명에 대한 논박).

인의 실재 여부에 대해서도 판단을 유보해야만 한다. 그리고 우리는 독단주의자들이 주장하는 바와 관련된 한, 원인이라는 것이 존재하지 않는다기보다 오히려 존재하는 것은 아니라고 말할 것이다.[153]

153) 다시 말해 회의주의자는 원인이 존재한다고 확언하지도 않는 한편, 그렇다고 해서 원인이 존재하지 않는다고 확언하지도 않는다.

26. 삶의 기술(혹은 삶에 관한 기술)이 사람들 사이에서 생겨나는가?

[250] 또한 만일 삶의 기술이 사람들 사이에서 생겨난다면, 그것은 자연적으로 사람들에게 생겨나거나 아니면 배움과 가르침을 통해서 생겨날 것이다. 그런데 만일 삶의 기술이 자연적으로 생겨난다면, 그것은 사람들이 사람인 한 그들에게 생겨나거나 아니면 그들이 사람이 아닌 한 생겨날 것이다. 하지만 사람이 아닌 한 그들에게 삶의 기술이 생겨나는 일은 불가능하다. 왜냐하면 사람이 사람 아닐 수는 없기 때문이다. 한편 그들이 사람인 한 삶의 기술이 그들에게 생겨난다면, 실천적 지혜(φρόνησις)가 모든 사람에게 존재할 것이다. 그래서 모든 이가 지혜 있고 덕스러우며 현명하게 될 것이다. 하지만 독단주의자들은 대부분의 사람들이 악인(혹은 보잘것없는 사람)이라고 말한다. [251] 그렇다면 사람들이 사람인 한 그들에게 삶의 기술이 생겨나지도 않을 것이다. 따라서 삶의 기술은 자연적으로 생겨나지 않는다.

더구나 독단주의자들은 기술이 '체계적으로 조직된 인식의 체계'이기를 바라기 때문에, 그들은 지금 논의되고 있는 이 기술뿐 아니라 다른 기술들 또한 (자연적으로 생겨나기보다는) 오히려 어떤 종류의 경험이나 배움을 통해 획득된다는 것을 보이고 있다.

27. 삶의 기술이 가르쳐질 수 있는가

[252] 하지만 삶의 기술은 가르침이나 배움에 의해 획득되는 것도 아니다. 왜냐하면 이런 것들이 존립하기 위해서는, 먼저 세 가지－즉 가르쳐지는 대상, 가르치는 자와 배우는 자 그리고 배움의 방법－가 존재함이 인정되어야 하기 때문이다. 그러나 이들 중 아무것도 존재하지 않는다. 그러므로 가르침 또한 존재하지 않는다.

28. 가르쳐지는 것이 존재하는가

[253] 그러므로 이를테면 가르쳐지는 것은 참이거나 거짓이다. 그런데 그것이 거짓이라면, 그것은 가르쳐질 수 없을 것이다. 왜냐하면 독단주의자들은 거짓이 존재하지 않는 것이라고 주장하는데, 존재하지 않는 것에 대해서는 가르침이 불가능할 것이기 때문이다. 한편 가르쳐지는 대상이 참이라고 말하더라도, 그것은 가르쳐질 수 없다. 왜냐하면 판단기준에 관해서 논의할 때 우리는 참이 존재하지 않음을 지적했기 때문이다. 그렇다면 만일 거짓인 것도 가르쳐질 수 없고 참인 것도 가르쳐질 수 없다면, 이것들 말고는 어떤 것도 가르쳐질 수 없을 경우, (왜냐하면 이것들이 가르쳐질 수 없는데도, 자신이 아포리아를 일으키는 것들만을 가르칠 수 있다고 말할 사람은 아무도 없기 때문이다.) 아무것도 가르쳐지지 않는다.

[254] 또한 가르쳐지는 대상은 분명해 보이거나 불분명하다. 그런데 만약 그것이 분명해 보이는(혹은 현상되는) 것이라면, 그것은 가르침을 필요로 하지 않을 것이다. 왜냐하면 분명해 보이는 것들은 모든 이에게 동일하게 분명히 드러나기 때문이다. 반면 가르쳐지는 것이 불분명한

대상이라면, 우리가 이미 여러 번 지적한 바 있듯이, 불분명한 대상들은 이들에 관해 생겨나는 해결 불가능한 의견 불일치로 인해서 인식 불가능하므로, 가르쳐질 수 없을 것이다. 왜냐하면 어떻게 어떤 이가 자신이 인식하지도(혹은 파악하지도) 못하는 것을 가르치거나 배울 수 있겠는가? 하지만 만일 분명하게 현상되는 것이나 불분명한 대상 모두 가르쳐지지 않는다면, 아무것도 가르쳐지지 않는다.

[255] 또한 가르쳐지는 것은 물질이거나 비물질적 대상이다. 그런데 이들 각각은 분명하게 현상되는 것이거나 불분명한 것인데, 잠시 전에 우리가 제시한 논변에 따르면, (분명하게 보이는 것이나 불분명한 것은) 가르쳐질 수 없다. 따라서 어떤 것도 가르쳐지지 않는다.

[256] 더구나 존재하는 것이 가르쳐지거나 존재하지 않는 것이 가르쳐진다. 그런데 존재하지 않는 것은 가르쳐지지 않는다. 왜냐하면 만약 존재하지 않는 것이 가르쳐진다면, 가르침은 참인 대상들에 대한 것이라고 여겨지므로, 존재하지 않는 것이 참이게 될 것이기 때문이다. 또한 (존재하지 않는 것이) 참이라는 점에서 그것은 실재하기도 할 것이다. 왜냐하면 독단주의자들은 참인 것이 실재성을 가지는 것이며, 어떤 것에 대립된다고 말하기 때문이

다.[154] 하지만 존재하지 않는 것이 실재한다고 말하는 것은 불합리하다. 그러므로 존재하지 않는 것은 가르쳐지지 않는다. [257] 그렇다고 해서 존재하는 것이 가르쳐지는 것도 아니다. 그 이유는 다음과 같다. 만약 존재하는 것이 가르쳐진다면, 그것이 존재자인 한 가르쳐지거나 아니면 다른 어떤 것인 한 가르쳐질 것이다. 그런데 만일 (존재하는 것이) 존재자인 한 가르쳐진다면, 그것은 존재하는 것들 가운데 속하게 될 것이다. 이 때문에 그것은 가르쳐질 수 있는 것이 아니게 될 것이다. 왜냐하면 가르침이란 만장일치로 인정되는 것들, 그리고 더 이상 가르쳐질 수 없는 것들로부터 출발해야 하기 때문이다. 그러므로 존재하는 것은 그것이 존재자인 한 가르쳐질 수 없다. [258] 하지만 (존재하는 것이) 다른 어떤 것인 한 가르쳐질 수 있는 것도 아니다. 왜냐하면 존재하는 것은 존재하지 않는 어떤 것을 그 속성으로 가지지 않기 때문이다. 그러므로 만약 존재하는 것이 존재자인 한 가르쳐지지 않는다면, 다른 어떤 것인 한 가르쳐지지도 않을 것이다. 존재하는 대상에 귀속되는 어떠한 속성도 존재하는 것이기 때문이다.

---

154) 즉 참인 것은 거짓인 것에 대립된다. 참과 거짓에 관한 스토아학파의 이론에 대해서는 *M.* VIII 10, XI 220 참고.

그뿐 아니라, 존재하는 것—독단주의자들은 이것이 가르쳐진다고 주장할 것이지만—이 분명하게 보이는 것이든 아니면 불분명한 것이든 간에, 그것은 앞서 논의된 아포리아[155]에 의해 지배받기 때문에, 가르쳐질 수 없게 될 것이다. 하지만 만일 존재하는 것이나 존재하지 않는 것 모두가 가르쳐지지 않는다면, 가르쳐지는 것은 아무것도 없다.

155) *PH*. III 254.

32. 어째서 회의주의자는 때때로 믿을 만함에 있어서 미약한 논변들을 일부러 제기하는가

[280] 회의주의자는 인류를 사랑하기 때문에, 능력이 미치는 한 논변을 통해서 독단주의자들의 자만과 성급함을 치유하고자 한다. 그래서 마치 육체적인 질병을 치료하는 의사가 다양한 효력의 치료법들을 가지고 있어서, 중한 증상을 가지는 환자에게는 중한 치료법을 처방하고, 가벼운 증상을 가진 환자에게는 좀 더 가벼운 치료법을 처방하듯이, 회의주의자 또한 이와 같이 효력에 있어서 다양한 논변들을 제기하는 것이다. [281] 그래서 (독단주의적) 성급함에 의해 심하게 고통받는 자들에게 회의주의자는 무게 있으며 독단주의자들의 자만 증상을 강력하게 제거해 줄 수 있는 논변을 사용한다. 반면 회의주의자는 자만의 증상이 피상적이고 쉽게 치료 가능한 경우, 그리고 가벼운 설득(혹은 개연성)에 의해 (그런 증상이) 제거 가능한 경우에는 좀 더 가벼운 논변을 사용한다.

따라서 회의주의를 신봉하는 자(혹은 회의주의적 충동을 가지는 자)는 어떤 때는 그럴듯함에 있어서 무게 있는 논변들을 사용하는 반면, 다른 경우에는 미약해 보이는 논변들을 제기하는 데 주저하지 않는다. 그리고 그는 일부러 그렇게 한다. 왜냐하면 많은 경우 그의 앞에 놓인 목표를 달성하는 데, 약한 논변만으로도 충분하기 때문이다.

부록
피론은 회의주의자였는가?

* 이 글은 옮긴이의 논문을 정리한 것입니다.

1. 시작하는 말

엘리스 출신 피론(360~270 BC)은 헬레니즘 회의주의 유파인 피론주의의 시조로 알려진 인물이다. 전통적으로 철학사에서 피론은 당연히 회의주의자라고 간주되어 왔지만, 근래 들어 과연 피론의 입장이 후대의 피론주의 입장과 동일한지에 대한 의문이 제기되고 있다.

더구나 상황을 어렵게 만드는 것은 피론이 어떤 책도 저술하지 않았다는 사실이다. 우리가 피론에 관해 아는 것들은 대부분 그의 제자 티몬(325~235 BCE)[156]을 통해 전해진다. 티몬은 많은 운문과 산문을 저술했다고 한다. 이렇게 볼 때 피론과 티몬의 관계는 마치 소크라테스와 플라톤의 관계를 연상시킨다. 하지만 플라톤에 의해 소개되는 소크라테스의 모습이 과연 역사적 소크라테스와 일치하는가에 관한 많은 의문이 제기되고 있듯이, 과연 티몬이 피론의 사상을 있는 그대로 전하고 있는지 불분명하다. 그 뿐만 아니라 플라톤의 저술과는 달리 티몬의 저술은 대부분 사라지고 단편 형태 혹은 2차적 보고 형태로만 일부

---

156) 섹스투스는 티몬을 피론의 prophetes(*M.* 1.53)라고 가리키는데, 이 단어는 일반적으로 "해석자", "설명자"라고 번역된다.

보존되고 있어서, 과연 피론의 철학적 견해를 제대로 파악할 수 있는가에 대한 의구심마저 제기되는 실정이다. 이러한 어려움 때문에 오늘날 일부 주석가들은 아무런 저술도 남기지 않은 피론의 실제 견해를 알 길이 없다고 주장한다.[157)]

그렇다면 과연 우리는 피론 자신의 철학적 견해에 관해 어떤 결론도 내릴 수 없으며 한마디로 피론에 관해 일체의 판단을 유보해야 하는가? 이 물음에 대해서 최근의 학자들은 흥미로운 제안을 하고 있다. 피론을 회의주의자로 단정 지을 필요는 없으며 오히려 그가 독단주의 철학자(dogmatic philosopher)였다는 것이다. 우리는 본 논문을 통해서 이러한 최근 연구 경향의 타당성에 대해 검토하는 동시에 현존하는 단편들을 토대로 피론의 철학적 입장을 재구성해 보고자 한다.

본격적인 논의에 앞서 먼저 피론에 관한 주요한 전거들에 관해 살펴보자. 티몬의 저술은 오늘날 거의 소실되었지만, 티몬이 쓴 운문 중 *Silloi*와 *Indalmoi*의 일부 단편이 남아 있으며 산문 형식의 대화편 *Python*(피론이 제자

---

157) G.A. Ferrari, “L'immagine dell'equilibrio” in G. Giannantori(ed.), *Lo scetticismo antico*, Naples: Bibliopolis, (1981), 339-43. Bett(2003: 7)에서 재인용.

티몬의 질문에 답하는 형식의 대화편)도 일부가 전해지고 있다. 특히 1세기경 소요학파 철학자, 메세네 출신 아리스토클레스는 《철학에 관하여》에서 티몬의 견해를 인용하고 있는데, 이 내용은 카이사레아의 에우세비오스(260~339)의 *praeparatio evangelica*에 보존되어 있다.

한편 디오게네스 라에르티오스가 3세기 초반경 저술한 《저명한 철학자들의 생애와 견해들》(이하 *DL.*) 9권에는 피론의 생애와 관련된 여러 일화들이 기록되어 있는데, 디오게네스 라에르티오스는 주로 철학전기 작가 카리스토스의 안티고노스[158]의 기록을 참고하고 있다. 그러나 카리스토스의 안티고노스가 구체적으로 어떤 인물인지 불분명할뿐더러 그는 피론의 철학보다는 특이한 행동방식에 더 관심을 가졌던 듯하기 때문에, 안티고노스의 전승에 근거한 에피소드만으로는 피론의 철학적 입장을 제대로 파악하기 힘들다고 생각된다.[159]

마지막으로 키케로와 섹스투스 엠피리쿠스를 언급할

---

158) BC 3세기 중반의 전기작가이며, 디오게네스 라에르티오스에 의해 종종 인용되고 있으며, 아리스토클레스에 의해서도 언급되고 있다(Eusebius, *praeparatio evangelica* XIV 18.26).

159) 이런 이유로 벳(Bett)은 티몬의 전승이 안티고노스의 전승보다 믿을만하다고 간주한다. Bett(2003: 7-12).

수 있는데, 키케로가 피론주의의 창시자로 알려진 아이네시데모스와 동시대 인물이면서도 피론주의를 전혀 언급하지 않는다는 사실을 고려할 때 피론에 대한 키케로의 지식은 매우 제한되어 있었을 것이라고 추정 가능하며, 섹스투스 엠피리쿠스는 피론이 회의주의자인 것처럼 간주하고 있지만(*PH.* 1.7, 1.234) 과연 섹스투스의 피론 해석이 얼마나 신빙성 있는가는 논란의 여지가 있다.

우리는 이러한 상황을 고려하면서 주요한 단편들을 해석할 것이다. 우리는 먼저 티몬의 단편에 대한 아리스토클레스의 전승을 살펴보고, 다음으로 디오게네스 라에르티오스의 전승을 살펴볼 것이다. 그리고 이에 대한 면밀한 분석에 입각해서 피론에 관한 단편과 다양한 일화들을 정합적으로 설명할 방안이 있는지 검토할 것이다.

2. 아리스토클레스의 전승

아리스토클레스가 저술한 《철학에 관하여》 8권에는 피론 사상의 개괄적 요약이 등장한다. 이 책은 4세기경 카이사레아의 감독이었던 에우세비오스의 *praeparatio evangelica*에 단편적 형태로 전해지고 있다. 에우세비오스는 이교도 철학의 모순과 비일관성을 지적하기 위해 다양한 문헌을 인용하는데, 그중에는 아리스토클레스의 문헌[160]도 포함된다. 여기서 아리스토클레스는 이집트의 알렉산드리아에서 아이네시데모스라는 사람이 피론의 사상을 최근에("어제 그리고 그 전날") 부활시켰다고 전한다(*praeparatio evangelica* XIV 18.29). 아리스토클레스가 인정한 피론주의자는 피론 자신과 티몬 그리고 아이네시데모스였는데, 아리스토클레스는 티몬의 저술에서 직접 인용하고 있으며,[161] 그가 언급한 몇몇 철학 용어들(가령 astathmetos, aklines, akradantos[162])은 티몬 이전 시기에 유행했으나 섹스투스의 저술(혹은 아이네시데모

---

160) 그는 Eusebius, *praeparatio evangelica* XIV 18.29에서 최근(echthes kai proen) 알렉산드리아에서 아이네시데모스가 글을 썼다고 전하는데, 만약 아이네시데모스의 연대가 BC 40년 정도라고 가정하면 아리스토클레스의 저술 연대 또한 BC 1세기 후반부 정도로 추정될 수 있다.

161) 아리스토클레스는 티몬의 풍자시 *Silloi*를 몇 차례 인용하고 있으며(*praeparatio evangelica* XIV 18.17, 19, 28) 티몬의 산문작품 *Python*도 언급하고 있다(*praeparatio evangelica* XIV 18.14).

162) astathmetos는 BC 5세기 후반, aklines는 BC 4세기 초반 주로 사용된 단어이며, akradantos는 티몬 이전 저술에서 발견되지 않으나 kradainein은 호메로스와 크세노파네스에 등장한다. Bett(2003: 15 n.2).

스의 요약[163])에 나타나지 않는다.

아리스토클레스의 텍스트는 피론의 사상을 이해하는 데 매우 중요한 구절이기 때문에, 이와 관련해서 많은 학자들의 논의가 있었다. 먼저 *praeparatio evangelica* 14.18.1-5를 살펴보자.

제목 : 어떤 것도 파악 불가능하다고 주장하는 피론주의자 혹은 판단을 유보하는 자들(Ephektikoi)이라고 일컬어지는 자들에 대한 반박

(1) 무엇보다 먼저 우리는 우리 자신의 앎에 관해 탐구해야 한다. 왜냐하면 만약 우리가 본성상 어떤 것도 알 수 없다면, 다른 것들을 탐구하는 일은 불필요할 것이기 때문이다.

(2) 옛날 사람들 중에는 그런 이야기를 하는 사람들이 있었는데, 이런 사람들을 아리스토텔레스는 반박했다. 엘리스의 피론 또한 위와 같은 내용을 말하면서 명성을 얻었다.[164] 하지만 그 자신은 어떤 저술도 남기지 않았다.

163) Photius, *Bibliotheca* 169b18-171a4.

반면 그의 제자 티몬은 행복하고자 하는 자는 다음과 같은 세 가지를 살펴야 한다고 말한다.

① 첫째, 사물들이 본성상 어떠한가(hopoia pephyke ta pragmata)?

② 둘째, 우리는 이들에 대해 어떤 태도를 취해야 하는가(tina chre tropon hemas pros auta diakeisthai)?

③ 마지막으로 이러한 태도를 가진 사람들에게 어떤 유익이 있을 것인가(ti periesthai tois houtos echousi)?

(3)

[1a] 티몬은 말하기를, 피론은 사물들이 동일하게 adiaphora하고 astathmeta하며 anepikrita하다고 주장한다(ta men oun pragmata phesin auton apophainein ep' ises adiaphora kai astathmeta kai anepikrita).

[1b] **이런 이유로** 우리의 감각이나 신념들은 진실을 말하는 것도 아니고 거짓말하는 것도 아니다(dia touto mete tas aistheseis hemon mete tas doxas aletheuein e pseudesthai).

---

164) 혹은 위와 같은 견해의 강력한 옹호자였다.

[2a] 따라서 **이런 이유로** 이들을 믿어서는 안 되며(dia touto oun mede pisteuein autais dein),
[2b] 신념을 가지지 않고 한쪽으로 쏠리지도 않으며 동요하지도 말아야 한다(all' adoxastous kai aklineis kai akradantous einai).
[2c] 우리는 각각의 대상에 대해 그것이 그러하지 않다기보다 그러한 것은 아니라고 말하거나, 아니면 그러한 동시에 그렇지 않다고 말하거나, 아니면 그러하지도 않고 그렇지 않지도 않다고 말해야 한다(peri henos hekastou legontas hoti ou mallon estin e ouk estin e kai esti kai ouk estin e oute estin oute ouk estin).

(4)
[3] 티몬은 이러한 태도를 취하는 사람들에게 있어서 첫 번째 유익이 단언하지 않음(aphasia)이며 다음 유익은 마음의 평안(ataraxia)일 것이라고 말하는데, 아이네시데모스는 즐거움(hedone)이 유익이라고 말한다.

(5) 말의 요점(kephalaia ton legomenon)은 위와 같다.

제목이 보여 주고 있듯이 아리스토클레스의 의도는 피론주의자라고 일컬어지는 자들의 견해를 논박하는 것이므로, 그는 피론의 입장을 근본적으로 회의주의적인 것으로 간주하고 있다. 하지만 피론 자신은 어떤 저술도 하지 않았기 때문에 아리스토클레스는 차선책으로 피론의 제자인 티몬의 글을 통해 피론의 입장을 재구성하고 있는 것이다.

그런데 텍스트와 관련해서 몇 가지 의문이 제기된다. 과연 아리스토클레스가 인용한 논증은 전체가 온전히 피론의 논증이라고 할 수 있는가, 아니면 여기에 티몬의 견해가 끼어들어 갔는가? 한편 1b와 2a에는 "이런 이유로(dia touto)"라는 표현이 반복적으로 사용되고 있는데, 과연 1a에서 2a까지의 추론은 타당한 추론인가?

이와 관련해서 브룅슈비그(Brunschwig)는 흥미로운 답변을 제시했다. 지금까지 대부분의 학자들은 위의 텍스트가 피론의 견해 혹은 피론의 견해에 관한 티몬의 전언이라고 해석해 왔다. 하지만 정작 티몬 자신은 [1a]만이 피론의 견해임을 명백히 밝히고 있을 뿐, [1b] 이후 내용이 누구의 견해인지는 명확히 밝히지 않고 있다. 특히 [1a]와 [1b]의 관계에 대부분의 주석가들은 [1b]의 mete tas aistheseis hemon mete tas doxas aletheuein e pseudesthai가 [1a]의 auton apophainein의 내용이라고 해석한다. 이에 따르면 [1b]를 주장한 것은 피론 자신이다. 하지만 브룅슈비그는 새로운 해석을 제안한다. 즉 [1b]의 aletheuein e pseudesthai가 [1a]의 phesin의 목적어로 사용된 부정사라는 것이다. 이에 따르면 티몬은 [1a]에서 피론의 견해를 전하고 있는 반면, [1b]에서는 티몬 자신의 견해를 피력하고 있다.[165]

브룅슈비그의 주장은 단순히 [1b]의 주어가 불분명하다는 데 근거한 것이라기보다는 [1a]와 [1b]의 내용이 동일하지 않다는 데 근거해 있다. 따라서 브룅슈비그의 해석이 타당한지 밝히려면 인용문의 논증구조 특히 [1a]와 [1b]의 논리적 연관성에 주목해야 한다.

2.1 주관적 해석과 객관적 해석

인용문 [1a]에 따르면 대상의 본성과 관련해서 피론은 대상들이 동일하게 adiaphora, astathmeta, anepikrita라고 주장했다.

그런데 여기서 adiaphora는 대상의 성질이 본성적으

165) Brunschwig(1994a: 195)

로 서로 구별되지 않는다는 뜻인가, 아니면 우리가 구별할 능력이 없다는 뜻인가? 만약 후자의 의미라면 이 단어를 구별 불가능이라고 번역해야 할 것이다. astathmeta 또한 대상 그 자체가 불균형 또는 불안정함을 가리킬 수도 있는 반면, 우리가 측량할 수 없음이라는 뜻으로도 해석 가능하다. 마찬가지로 anepikrita도 대상 자체가 불확정적임을 가리킬 수도 있으며, 우리의 결정 불가능함을 뜻할 수도 있다. 벳(Bett)은 이러한 두 가지 해석 가능성을 각각 형이상학적 독해와 인식론적 독해라고 명명하며,[166] 스비바르손(Svavarsson)은 두 해석을 객관적 해석(사물 자체가 불확정적이다)과 주관적 해석(우리는 사물이 본성상 어떤지 결정할 수 없다)이라고 부른다.[167]

"사물의 본성이 무엇인가?"라는 질문에 피론이 대답하고 있음을 고려한다면, 객관적 해석이 일견 타당해 보인다. 하지만 이러한 정황 증거는 결정적이지 않다. "사물의 본성이 무엇인가"라는 질문은 사물의 본성이 우리에게 파악 불가능하다는 답변을 유도하기 위한 수사적 질문일 수도 있기 때문이다. 더구나 피론주의와의 관련성을 염두에

166) Bett(2003: 19).

167) Svavarsson(2010: 42)

둔다면, 주관적 해석이 더 유리해 보인다.

한편 [1b]에서 피론(또는 티몬)은 "이런 이유로 우리의 감각이나 신념들은 진실을 말하는 것도 거짓을 말하는 것도 아니다"라고 말한다. 주관적 해석에 따르면, 사물의 진리가 파악 불가능하므로 우리의 감각이나 신념이 진실을 말하는 것도 거짓을 말하는 것도 아니라는 결론이 나오게 된다. 하지만 벳(Bett)은 이러한 추론이 어불성설이라고 주장한다.[168] 만약 우리가 사물의 진리를 파악할 수 없다면, 감각이나 신념이 참인지 거짓인지도 파악 불가능할 것이기 때문이다. 물론 위의 구절을 "우리 감각이나 신념이 참인지 거짓인지 우리는 말할 수 없다"로 해석한다면, 문제없이 추론 가능하다. 하지만 본문은 이런 주장을 하는 것이 아니라, 우리의 감각과 의견이 참도 아니고 거짓도 아니라고 말하고 있다.

이와 같은 주관적 해석의 난점을 해소하기 위해 첼러(Zeller)와 스토퍼(Stopper)는 [1b]의 dia touto를 dia to로 바꿀 것을 제안했다.[169] 이에 따르면 [1b]는 [1a]의 귀결이 아니라 오히려 전제에 해당하게 된다. 또한 이들의 제안

168) Bett(2003: 22).

169) Stopper(1983: 293 n. 53).

에 따르면, 대상들이 adiaphora한 까닭은 우리가 이들을 구별할 수 없기 때문이고, 측량 불가능한 까닭은 우리가 이들을 평가할 수 없기 때문이며, 결정 불가능한 까닭은 우리가 이들에 대해 어떤 결정도 내릴 수 없기 때문이다. 우리 인식 능력의 결함은 대상들의 adiaphora함에 대한 근거이지 결과가 아니다.

이처럼 텍스트를 수정함으로써 우리는 추론의 결함을 제거할 수 있다. 그럼에도 불구하고 (2)의 ①에서 아리스토클레스는 먼저 사물의 본성이 어떠한지 살펴보자고 제안했는데, 위와 같은 해석은 사물의 본성이 어떠한지에 관한 답변을 불가능하게 한다. 아마도 이러한 이유로 많은 현대 학자들은 첼러(Zeller)의 텍스트 수정 제안을 거부한다. 그렇다면 텍스트를 수정하지 않고도 티몬의 추론을 설득력 있게 재구성할 수는 없을까? 브룅슈비그(Brunschwig)는 이를 위해 주관적 해석 이외의 해석이 필요하다고 주장한다. 브룅슈비그에 따르면 두 가지 해석 가능성이 존재한다.[170)]

첫째, 형이상학적 해석. 이에 따르면 [1a]의 세 형용사들은 인식주관으로부터 독립된 대상세계의 객관적 속성을 나

170) Brunschwig(1994a: 197).

타낸다. 즉 우리는 대상들의 내재적 파악 불가능성으로부터 우리 감각과 신념의 인식론적 무능함을 추론하게 된다.[171] 하지만 문제는 형이상학적 해석이 티몬의 단편과 잘 부합하지 않는다는 점이다. 왜냐하면 티몬은 "꿀이 달다는 것을 상정하지 않지만, 꿀이 달게 보인다(phainetai)는 것은 받아들인다"라고 말함으로써 명백히 인식론적 관심을 보였다고 전해지기 때문이다(*DL.* IX 105).

둘째, 윤리학적 해석. 즉 감각과 신념의 인식론적 주장에 대한 파괴는 도덕적 adiaphora에 대한 인식과 행복의 달성을 잇는 연결고리다. 가령 아우슬랜드(Ausland)는 adiaphora가 스토아 윤리학의 맥락에서 사용되고 있음(좋은 것-나쁜 것-adiaphora)에 착안해서 피론이 제시한 세 형용사가 도덕적인 의미를 가진다고 해석한다. 그럼에도 불구하고 그는 adiaphora로부터 감각과 신념의 믿을만하지 않음을 추론하는 것이 어려움을 시인한다.

이 시점에서 브룅슈비그는 흥미로운 제안을 제시한다. 본문에서 우리의 감각과 신념은 일종의 pragmata를 가리키며, adiaphora 등의 형용사는 "참도 아니고 거짓도 아니

171) Decleva Caizzi(1981: 225-7). Brunschwig(1994a: 197)에서 재인용.

라는 의미"로 간주하자는 것이다.[172] 이에 따르면 인용문의 추론은 다음과 같이 될 수 있다.

모든 pragmata는 adiaphora이다.

그런데 감각과 신념은 일종의 pragmata이다(생략된 전제).

따라서 모든 우리의 감각과 신념은 adiaphora이다(다시 말해 참도 아니고 거짓도 아니다).

이렇게 본다면, [1b]는 최초의 물음(pragmata의 본성에 관한 물음)에 대한 답변이다. 하지만 pragmata의 일차적 의미는 "외부 대상들" 혹은 "사태"인데, 과연 감각과 신념을 일종의 pragmata로 간주하는 해석은 설득력 있는가? 이에 관해 브룅슈비그는 [1a]가 본래 피론의 주장이었으며, 피론이 이를 주장할 때에는 pragmata를 "외부 대상" 내지 "사태"로 간주했지만, 티몬은 감각과 신념을 일종의 pragmata로 해석했을 것이라고 제안한다. 하지만 피론도 이에 반대할 이유는 없다. 왜냐하면 섹스투스도 *M.* VIII 12에서 스토아학파의 semainomenon(음성에 의해 밝혀

172) Brunschwig(1994a: 199-200).

지는바 혹은 사고에 수반하는 의미)을 auto to pragma로 규정하고 있기 때문이다.[173)]

브룅슈비그에 따르면 피론의 본래 입장(즉 [1a])은 윤리학적 함축을 가졌던 반면, 그의 제자 티몬은 인식론에 관심이 많았기 때문에[174)] 피론의 논증에 [1b]와 [2a]를 첨가함으로써 피론의 논증을 본래의 의도와는 다르게 변형했다.[175)] 특히 티몬은 아카데미아 회의주의의 창시자 아르케실라오스를 피론의 부정직한 경쟁자 내지 모방자라고 여겼다. 그래서 아르케실라오스의 인식론적 회의주의의 독창성을 폄하하기 위해서 인식론적 회의를 피론에게 주입한 듯하다.[176)] 그럼에도 불구하고 티몬은 피론의 열렬한 제자였으며, 그는 자신이 기록한 것이 피론의 생각과 부합한다고 여겼다. 따라서 티몬은 자신이 피론 철학의 전반

---

173) Brunschwig(1994a: 201).

174) 티몬의 인식론적 관심은 *DL.* IX 105, Sextus Empiricus, *M.* VII 30, Galen, *De diagnoscendis pulsibus* I 2 등에서 드러난다.

175) 브룅슈비그에 따르면 [2b]에 나오는 세 형용사는 [1a]의 세 형용사와 대구를 이룬다. 이렇게 본다면, [2b]는 다시 피론의 견해이거나, 적어도 티몬은 이를 피론의 견해라고 여긴 듯하다. 마찬가지로 [2c] 또한 피론의 견해다(1994a: 205).

176) Brunschwig(1994a: 206-7).

적 의미와 의도를 변경한다고 생각하지는 않았다.

이처럼 브룅슈비그는 아리스토클레스의 인용문 중 [1b]와 [2a]만이 티몬의 논증이며 나머지 논증은 피론의 견해라고 간주한다. 또한 그의 제안에 따르면 피론의 논증은 본래 윤리학적 함축을 가진 것이었으나 티몬이 여기에 인식론적 요소를 첨부했다는 것이다.

하지만 현존하는 전거들은 티몬이 인식론에 관심이 많았음을 보여 주고 있지만 피론이 인식론에 관심이 없었음을 보여 주지는 않는다. 이렇게 볼 때 아리스토클레스의 인용문 중 [1b]와 [2a]가 피론이 아닌 티몬의 입장이라고 단언하기는 힘들다.

더구나 브룅슈비그는 아리스토클레스의 인용문 도입부의 의미를 간과하고 있다. 아리스토클레스는 우리가 무엇보다 먼저 **우리 자신의 앎에 관해**(peri tes hemon auton gnoseon) 탐구해야 한다고 말한다. 그런데 **우리가 본성상 어떤 것도 알 수 없다**(meden pephykamen gnorizein)고 주장한 사람들이 있었는데, 피론 또한 이런 내용을 말함으로써 명성을 얻었다는 것이다. 만약 아리스토클레스의 말이 사실이라면, 피론의 일차적 관심은 윤리학(우리가 어떻게 살아야 하는가)이 아니라 인식론(우리가 무엇을 알 수 있는가)이었다. 이렇게 볼 때, [1b]와 [2a]에 등장하는 인식론적 논의가 티몬의 철학적 입장이라는 브룅슈비그의 제안은 설득력을 잃게 된다. 따라서 지금부터 우리는 아리스토클레스의 단편에 등장하는 추론이 (적어도 [2c] 까지는) 피론의 논증이라고 해석하고자 한다.

그런데 여기서 흥미로운 점은 아리스토클레스가 피론(및 회의주의)의 인식론적 견해를 "우리가 본성상 어떤 것도 알 수 없다"라고 해석했다는 사실이다. 피론주의의 관점에서 볼 때 인간이 본성상 아무것도 알 수 없다는 주장은 부정적 독단주의일 뿐이다. 그렇다면 아리스토클레스는 과연 피론의 견해를 올바르게 대변하고 있는가? 물론 아리스토클레스가 피론의 철학적 견해를 오해하거나 혹은 일부러 왜곡할 가능성도 배제할 수 없다. 하지만 만일 아리스토클레스의 전언이 진실이라면, 피론은 후대의 피론주의와 상이한 입장을 가졌다고 보아야 한다. 그 뿐만 아니라 [1a]의 세 형용사가 우리의 인식 능력의 한계를 가리키는 용어일 경우(즉 아리스토클레스의 텍스트에 대한 주관적 해석이 옳을 경우)에는 피론의 입장이 피론주의와 양립 가능하지만, 만약 세 형용사가 외부 대상들의 속성을 가리킨다면(즉 객관적 해석이 옳다면) 피론은 회의주의자가 아니라 독단주의 철학자로 분류되어야 한다. 우리는 이러한 쟁점을 염두에 둔 채 아리스토클레스 인용문의 이

후 내용을 해석해 나가야 한다.

2.2 대상에 대한 바람직한 태도와 그 귀결

[1b]에서 피론은 우리의 감각과 신념이 진실을 이야기하지도 않으며 거짓을 이야기하지도 않는다(즉 참이지도 거짓이지도 않다)고 주장했다. 이런 이유로 피론은 [2a]에서 감각이나 신념을 믿어서는 안 된다고 말한다. 또한 피론에 따르면 이처럼 우리의 신념이 참이지도 않고 허위이지도 않기 때문에 우리는 신념을 가지지 않아야 하고(adoxastoi), 어떤 신념에도 이끌리지도 않아야 하며(aklineis), 다양한 감각과 신념들 사이에서 동요되지도 않아야 한다(akradantoi).

그런데 피론에 따르면 "우리는 각각의 대상에 대해 그것이 그러하지 않다(A2)기보다 그러한 것(A1)은 아니라고 말하거나, 아니면 그러한 동시에 그렇지 않다(A3)고 말하거나, 아니면 그러하지도 않고 그렇지 않지도 않다(A4)고 말해야 한다." 하지만 "그러한 동시에 그렇지 않다"(A3)고 말하는 것은 F인 동시에 -F라고 주장함으로써 모순된 두 명제를 동시에 인정하는 셈이다. 그럼에도 불구하고 피론은 A4에서는 A3의 모순된 두 연언지(그러함과 그렇지 않음)를 동시에 거부해야 한다고 주장함으로써 모순의 인정이 최종적이지 않음을 시사한다. 그렇다면 우리는 피론의 주장을 어떻게 이해할 수 있는가?

이 물음에 답하기 위해서는 먼저 [2c]의 ou mallon 구문이 두 가지 방식으로 해석 가능함을 고려해야 한다.

[2c] peri henos hekastou legontas hoti **ou mallon** estin(A1) **e** ouk estin(A2) **e** kai esti kai ouk estin(A3) e oute estin oute ouk estin(A4).

인용된 본문에는 세 개의 e가 나온다. 전통적으로 많은 학자들은 첫 번째 e만 비교의 의미인 반면 나머지 두 e는 "또는"을 뜻한다고 해석해 왔다. 이 경우 kai esti kai ouk estin(A3)와 oute estin oute ouk estin(A4)은 모두 legontas의 목적어가 된다.

하지만 본문에 등장하는 세 개의 e를 모두 비교의 의미로 해석할 수도 있다. 이 경우 문법적으로는 위의 해석보다 약간 부자연스럽지만 본문의 모든 e는 ou mallon의 범위에 관계된다. 스바바르손은 [2c]를 "a thing is no more than it is not, it is no more than it both is and is not, it is no more than it neither is nor is not"으로 해석한다.[177]

두 번째 해석에 따르면 피론은 모순된 명제들을 인정하

는 것을 피하고 있다. 이렇게 볼 때 본문의 ou mallon 구문은 섹스투스의 방식으로 독해할 때 그 의미가 쉽게 이해 가능하다. 《피론주의 개요》 I 188-91에서 섹스투스는 ou malon이 회의주의에서 특별한 의미를 가진다고 주장한다. 즉 ou malon은 어떤 것에 동의해야 하고 어떤 것에 동의하면 안 되는지 질문하는 것이거나, 아니면 어떤 것에 동의해야 할지 알지 못함을 고백하는 것이다. 더구나 회의주의자에게 "-이다"라는 표현은 "-처럼 보인다"를 뜻하므로, 모든 것에 관한 판단을 유보하는 회의주의자는 "F인 동시에 -F"라고 말하더라도 모순을 범하지 않는다.

벳은 [2c]의 네 가지 선택지가 모든 대상의 불확정성을 보여 준다(다시 말해 아리스토클레스의 텍스트에 관한 객관적 해석을 뒷받침한다)고 해석한다.[178] 하지만 그의 기대와는 반대로, ou mallon 구문을 위와 같이 해석할 경우, 우리는 아리스토클레스의 텍스트에 대한 주관적 해석을 받아들이게 된다. 피론은 열거된 네 가지 선택지 중 어떤

177) Svavarsson(2010: 49). 이태수 교수(2008: 23)의 해석은 다음과 같다 : "모든 것에 대해 아니 그러하다고(B2) 하기보다는 그러하다고(B1) 말하지도 않으며, 그러하기도 하고 아니 그러하다고(B3) 하지도 않고 또는 그러하지도 않거나 아니 그러하지도 않다고(B4) 말하면서".

178) Bett(2003: 36).

것을 인정하려는 것이 아니라, 오히려 가능한 네 가지 선택지 중 어떤 것도 긍정하지 않고 있기 때문이다.

[3]에서 티몬은 이러한 태도가 두 가지 귀결(aphasia와 ataraxia)을 가져올 것이라고 말한다. 두 용어는 모두 피론주의의 주요한 개념인데, 섹스투스는 《피론주의 개요》 I 192-3에서 aphasia를 "어떤 것도 긍정 혹은 부정하지 않음"이라는 의미로 사용하고 있으며 판단 유보와 밀접히 연관된 용어로 사용한다. 즉 aphasia 상태에 있다는 것은 사물의 본성에 관해 긍정적이든 부정적이든 어떠한 주장도 피한다는 뜻이다. aphasia의 본래 의미대로 피론은 대상들의 본성에 관한 탐구의 결과 아무 말도 하지 않는다. 그리고 외부 대상의 본성에 대해 일체의 판단을 유보하는 회의주의자에게 마음의 평안이 뒤따르는 것처럼(*PH*. I 28-9), 대상들의 본성에 관해 아무 말도 하지 않는 피론에게도 마음의 평안이 따른다.

그런데 위와 같이 아리스토클레스의 인용문을 주관적 해석 방식으로 독해할 경우, [1a]에 등장하는 세 형용사도 모두 인간의 인식 능력을 가리키는 용어가 된다. 하지만 문제는 주관적 해석이 [1a]와 [1b]의 추론 관계를 잘 설명하지 못한다는 사실이다. 대상들이 우리에게 주관적으로 불분명하게 보인다고 하더라도, 이를 근거로 우리의 감각과 신념이 참도 아니고 거짓도 아니라고 단언할 수 있는 것은 아니기 때문이다.

어쩌면 아리스토클레스의 텍스트 중 [1b]까지(최소한 [1a]와 [1b])는 객관적 해석이 유효한 반면 [2a]부터는 주관적 해석이 타당해 보인다. 아마도 브룅슈비그가 아리스토클레스의 텍스트에서 무리하게 피론과 티몬의 견해를 나누고자 한 궁극적 이유도 여기에 있는 듯하다.

그런데 우리가 아리스토클레스의 텍스트의 일관성을 논하기에 앞서 다시 한번 상기해야 할 사실은 아리스토클레스가 피론을 피론주의자 중 하나로 간주했다는 점이다. 한마디로 아리스토클레스가 보기에 피론과 티몬 그리고 아이네시데모스는 동류다. 하지만 정작 아리스토클레스의 텍스트는 피론의 견해와 피론주의자의 견해가 동일하지 않을 수도 있음을 보여 준다. 특히 "우리가 본성상 아무것도 알 수 없다"는 주장이나 "대상들이 adiaphora하기 때문에 우리 감각과 신념은 진실을 말하지도, 거짓을 말하지도 않는다"는 주장은 어떤 독단적 주장도 가지지 않는다는 피론주의와는 거리가 멀다.

그러면 혹시 아리스토클레스는 피론의 철학적 견해를 피론주의 철학과 혼동했는가? 그렇다고 단언하기는 힘들다. 왜냐하면 아리스토클레스 외에도 고대의 많은 저술가들이 피론의 회의주의적 성향을 보고하기 때문이다. 가령 루키아노스에 따르면(*Bis accusantus sive tribunalia* 25) 피론은 존재하는 모든 것을 제거하려는 의도를 가졌다고 전해지는데, anairein이라는 단어는 디오게네스 라에르티오스와 섹스투스의 문헌에서 주로 회의주의자의 활동을 나타내는 데 사용되는 단어다. 또한 디오게네스 라에르티오스에 따르면 아이네시데모스는 피론이 모순 때문에 어떤 것도 독단적으로 결정하지 않으며 현상을 따른다(*DL.* IX 106)고 말했다. 여기서 "아무것도 결정하지 않는다(ouden horizein)"는 전형적인 피론주의적 표현이며, 이 표현은 *PH.* I 197과 포티오스(Photius)의 Bibliotheca 170a11-12에도 등장한다.

이렇게 볼 때 피론을 피론주의자와 동류로 간주하려는 아리스토클레스의 분류를 쉽사리 기각할 수 없다. 그럼에도 불구하고 섹스투스가 피론주의의 창시자 아이네시데모스의 논증을 비교적 상세히 소개하면서도 피론에 대해서는 간략히 소개하고 있을 뿐(*PH.* I 7)이라는 사실을 고려할 때, 피론주의자들은 피론과 약간의 거리를 두었다고 생각된다. 특히 피론주의의 판단 유보는 서로 상반된 주장들의 힘의 균형에 기인하는 반면, 피론은 대상들의 본성에 관한 탐구(사물들의 adiaphora, astathmeta, anepikrita

함)에 기초해서 aphasia에 도달한다. 따라서 피론과 피론주의의 최종 목표(ataraxia)는 동일하지만 그 목표에 도달하는 과정은 다를 수도 있다.[179)]

여기까지의 논의를 우리는 다음과 같이 요약해 볼 수 있다.

첫째, 아리스토클레스의 단편에서 피론의 견해와 티몬의 견해를 분리하는 것은 불가능하다.

둘째, 피론이 후대의 피론주의와 많은 공통점을 가진 것은 사실이지만, 그의 견해가 피론주의와 전적으로 일치하지는 않는다.

셋째, 피론주의와 양립 가능한 [2a] 이하 내용은 주관적 해석(우리의 인식 능력에 관한 설명)과 부합하지만, 논증 전반부(특히 [1a]와 [1b])는 객관적 해석(외부 세계의 본성에 관한 설명)이 더 잘 맞는다.

결국 아리스토클레스의 단편만으로는 피론의 철학적 견해를 정합적으로 설명할 수 없으므로, 다음 절에서는 피론의 실제 행동에 관한 단편들을 중심으로 논의해 보자.

---

179) Svavarsson(2010: 49-50).

3. 피론의 실제 행동에 관한 일화들

3.1 일상 경험에 반하는 삶 혹은 따르는 삶

앞 절에서 논의한 아리스토클레스의 텍스트는 피론의 논증이 일상생활의 실제 행동에 관해 어떤 함축을 가지는지 구체적으로 밝히지 않고 있다. 따라서 이 문제와 관련해서는 다른 전승들과 단편들을 참고해야 한다.

아마도 피론에 관한 가장 유명한 일화는 디오게네스 라에르티오스에 의해 기록된 카리스토스의 안티고노스의 전언일 것이다. 이에 따르면 피론은 절벽이나 마차, 사나운 개를 두려워하지 않았다. 왜냐하면 자신의 감각을 믿지 않았기 때문이다. 이 때문에 피론은 주변에서 따르던 친구들의 도움이 필요했다(*DL.* IX 62). 다른 일화에 따르면 피론은 항상 동일한 상태였기 때문에(*DL.* IX 63), 대화 상대자가 대화 도중에 떠난 이후에도 계속 말하곤 했다. 또한 피론은 자신의 스승 아낙사르코스가 도랑에 빠졌을 때에도 마치 아무도 거기에 없는 것처럼 옆을 스쳐 지나갔는데, 아낙사르코스는 피론의 adiaphoron을 칭찬했다(*DL.* IX 63). 한편 피론은 폭풍이 치는 바다에서 배를 타고 있었는데, 돼지가 신나게 음식을 먹는 모습을 가리키며 이것이 현자가 흉내 내야 할 모델이라고 말했다(*DL.* IX 68).[180)]

그런데 위에서 언급된 일화들(안티고노스의 전언)은 피론의 비상식적인 행동들을 보여 주고 있는 반면, 피론의 제자 티몬이 묘사하는 피론의 모습은 전혀 다르다. 오히려 티몬의 단편들은 피론의 고요하고 동요되지 않는 모습을 묘사하고 있으며, 다른 철학자들의 동요와 대조하고 있다.

가령 아리스토클레스는 티몬이 피론에 관해 다음 이야기를 했다고 전한다(Eusebius, *praeparatio evangelica* XIV 18.19).

ㄱ) 하지만 그는 이와 같았다. 나는 그가 허영이 없으며 이름 없는 사람들과 저명한 사람들을 압도하는 모든 것으로도 굴복시킬 수 없는 사람임을 보았다.

한편 디오게네스 라에르티오스는 티몬의 *Silloi*로부터 다음 구절을 인용하고 있다(*DL.* IX 64-5).

---

180) 이 일화는 Plutarch, *Quomodo quis suos in virtutate sentiat profectus* 82e-f에도 등장한다. 현자의 이상은 디오게네스에 ataraxia라고 나오는 반면, 플루타르코스의 버진에서는 apatheia라고 나온다. 그런데 이와는 반대로 피론이 분노하거나 개를 무서워한 일화도 전해진다(*DL.* IX 66, Eusebius, *praeparatio evangelica* XIV 18.26)

ㄴ) 늙은 자 피론이여. 어떻게 그리고 어디로부터 당신은 출구를 찾았습니까?
소피스테스들의 신념들과 허망한 지혜의 예종으로부터…
또한 어떻게 모든 기만과 설득의 굴레에서 벗어났나요?
당신은 탐구하고자 하지 않았습니다.
어떤 바람이 희랍을 휩쓸고 있으며, 각 대상이 어디로부터 오고 어디로 소멸하는지를…

한편 디오게네스 라에르티오스에 따르면(*DL.* IX 65) 티몬의 *Indalmoi*에 다음과 같은 구절이 있었다.[181)]

ㄷ) 오, 피론이여! 내 마음은 이것을 듣고자 열망합니다.
도대체 어떻게 당신은 인간이면서도, 너무나 쉽고 고요하게 살아가십니까?
오직 당신만이 사람들에게 신의 방식대로 길잡이

181) *LS.* 2D

가 되십니다.

섹스투스도 한 구절을 전한다(*M.* XI 141).

ㄹ) 나는 바람 한 점 없는 고요함 속에 있는 그를 보았다.

마지막으로 티몬은 피론의 제자인 아테네 출신 필론의 이야기를 전한다(*DL.* IX 69).

ㅁ) 필론은 스스로 여가를 가진 자(autoscholon)이자,
자기 자신과 이야기하는 자(autolaleten)[182]였으며,
신념과 경쟁들로 인해 분주해하지 않았다.

한편 디오게네스 라에르티오스에 따르면, 아이네시데모스는 피론이 판단 유보의 방법으로 철학했지만 그는 각각의 일을 선견지명 없이(aprooratos) 행하지는 않았다고

182) *DL.* IX 64에는 피론이 스스로 이야기했다(hautoi lalon)고 기록되어 있다.

말한다(*DL*. IX 62)

이렇게 볼 때, 우리는 피론의 제자 내지 피론주의자에게 비친 피론의 모습이 제3자에게 비친 피론의 모습과 매우 달랐다는 결론을 내릴 수 있다. 특히 피론의 적대자들에게 피론은 자기 앞가림도 제대로 못하고 혼자서 중얼거리는 반사회적 왕따로 낙인찍혔던 반면, 티몬과 아이네시데모스는 피론이 정상적인 생활을 영위할 수 있었으며 오히려 다른 철학자들보다 고통 속에서도 더 평안했다는 점을 강조하고 있다. 아이네시데모스가 피론의 정상적 삶을 강조했던 까닭은 회의주의자도 자신이 속한 사회의 법률과 관습에 따라 정상적 삶을 영위한다[183]는 것을 입증하기 위해서일 것이다.

하지만 만약 피론이 정상적 삶을 영위할 수 있었다면 그는 어떤 원칙에 의거해서 행동할 수 있었는가? 이 물음에 대해 아이네시데모스는 피론이 비록 어떤 것도 독단적으로 결정하지 않으나 현상들에 따른다(phainemenois akolouthein)고 말한다(*DL*. IX 106). 이와 마찬가지로 티몬도 현상들에 관한 피론(혹은 자기 자신)의 태도를 다음과 같이 설명한다.

---

183) *PH*. 1.24, 237, 3.2, *M*. 11.166.

첫째, 티몬은 *Python*에서 그가 synetheia를 넘어서지 않았음을 밝힌다.

둘째, 티몬의 *Indalmoi*에는 다음과 같은 구절이 있다. "현상은 어디서 오는 것이든 어디서나 강력하다"(*LS.* 1H)

셋째 티몬은 《감각에 관하여》에서 "꿀이 달다는 것은 인정하지 않지만 꿀이 달게 느껴진다는 데는 동의한다"고 기술한다.[184)]

첫 번째 인용문에 나온 synetheia의 대표적 의미는 "관습"이다. 하지만 피론에 관한 대부분의 일화는 그가 관습적 방식대로 행동하지 않았음을 보여 주므로 문맥상 맞지 않다. synetheia의 또 다른 의미는 "일상 경험"이다. 실제로 synetheia는 헬레니즘 철학의 다양한 문맥 속에서 "일상 경험"이라는 의미로 사용되고 있다. 가령 디오게네스 라에르티오스는 크리시포스가 아카데미아에서 아르케실라오스, 라키데스와 함께 수학했다고 전하는데, 이 때문에 그가 synetheia에 대해 찬성 혹은 반대 논쟁을 했다고

---

184) 세 구절 모두 *DL.* IX 105에 등장하는데, *Indalmoi*의 단편은 섹스투스(*M.* 7.30)와 갈레노스(*De diagnoscendis pulsibus* 8.781)에 의해서도 인용되고 있다.

한다(*DL.* VII 183-4). 그런데 플루타르코스에 따르면(Plutarch, *De Stoicorum repugnantiis* 1036c), 크리시포스는 한때 synetheia를 반박하는 책을 썼으나 나중에는 synetheia와 감각을 옹호하고자 했다. 이렇게 볼 때 synetheia는 감각과 유사어 내지 동의어로 사용되고 있다. 한편 키케로 또한 크리시포스의 논증을 언급하면서(*Academica* 2.75, 87), 이 논증이 감각에 반하는 논증이자, 일상 경험(consuentudo 혹은 synetheia)에 반하는 논증이라고 말한다. 마찬가지로 에픽테토스도 아카데미아 학파와 피론주의자들의 회의주의 논증을 감각에 반하는 논증 혹은 synetheia에 반하는 논증으로 소개한다(*Dissertationes* 1.27.15-21). 이렇게 볼 때 헬레니즘 인식론에서 synetheia은 감각 경험을 가리키는 용어로 널리 사용되고 있었다.

아마도 티몬도 이러한 맥락에서 synetheia을 사용하고 있는 듯하다. 즉 사물들은 특정한 상황하에서 특정한 방식으로 우리에게 현상된다. 그리고 현상은 강력한 힘을 가졌으므로 우리는 달콤한 꿀의 본성이 달콤하다고까지 단언할 수는 없지만 적어도 꿀이 달콤하게 느껴진다는 점은 인정할 수 있다. 이런 이유로 피론은 매일매일의 일상적 경험을 제거하지 않는다고 정당하게 주장할 수 있는 것이다.

하지만 피론이 현상(혹은 감각 경험)에 의거해서 일상생활을 정상적으로 영위할 수 있었다는 티몬과 아이네시데모스의 평가에 대해 우리는 두 가지 질문을 던질 수 있다.

첫째, 디오게네스 라에르티오스는 피론이 감각을 신뢰하지 않았기 때문에 마차나 절벽, 사나운 개 등 어떤 위험에 직면해도 피하지 않았다고 전한다. 이 때문에 동료들이 항상 피론의 주변에 머물면서 그를 지켜 주었다는 것이다. 과연 이러한 삶을 현상(혹은 감각 경험)에 근거한 정상적인 삶이라고 간주할 수 있는가?

둘째, 피론에 관한 다양한 일화들은 아리스토클레스에 의해 인용된 피론의 논증과 어떤 연관 관계를 가지는가? 우리는 피론의 철학적 견해와 그의 실제 행동의 상관관계를 정합적으로 설명할 수 있는가?

우리의 질문에 대해 벳은 다음과 같은 답변을 제시한다.

첫째, 피론이 감각 경험을 전적으로 불신하고 무시했기 때문에 주변 사람들에 의지해야만 일상생활을 영위할 수 있었다는 일화는 악의적으로 조작된 것이다. 적어도 나머지 일화들은 피론이 현상에 의거해서 행동했음을 보

여 준다.[185]

둘째, 아리스토클레스의 단편은 피론이 대상의 본성을 불확정적으로 간주했음을 보여 준다(객관적 해석 또는 형이상학적 해석). 그런데 현상은 외부 대상의 모습을 있는 그대로 보여 주지 않지만, 그럼에도 불구하고 대부분의 사람들을 설득할 수 있는 강력한 힘을 지녔다. 이런 이유로 대상들이 우리에게 현상되는 방식은 우리 행동의 기초로 작용할 수 있으며, 우리는 감각 경험에 따라서 정상적인 삶을 영위할 수 있다.[186]

하지만 벳의 제안은 그다지 설득력이 없다. 그는 아리스토클레스의 텍스트를 객관적 해석 방식(그의 표현에 따르면 형이상학적 해석)에 의거해서 독해할 것을 제안하는데, 이에 따르면 외부 대상들은 그 본성상 불확정적이고 미결정적이기 때문에, 우리의 감각이나 신념들은 진실을 말하는 것도 아니고 거짓말하는 것도 아니며, 이런 이유로 우리는 감각이나 신념을 믿어서는 안 된다. 따라서 아리스토클레스의 인용문과의 정합성을 고려할 때, 피론이 대상 세계의 본성적 불확정성에도 불구하고 감각 경험의 강력

185) Bett(2003: 93).

186) Bett(2003: 86, 91-2).

한 힘을 인정했다고 보기는 힘들며, 오히려 피론이 감각 경험을 불신했기 때문에 자기 눈앞에 보이는 현상의 실재성을 부정했다고 결론 내리는 것이 자연스럽다. 결국 벳의 제안은 아리스토클레스의 텍스트를 해석하는 데는 성공할 수도 있지만, 아리스토클레스의 텍스트에 근거해서 피론이 성공적으로 일상생활을 영위했음을 입증하는 데는 실패하고 있다. 그렇다면 우리는 피론의 실제 행동을 어떻게 이해해야 하는가? 또한 피론의 실제 행동은 아리스토클레스의 텍스트에 등장하는 철학적 논증과 어떤 상관관계를 가지는가? 디오게네스 라에르티오스 9권에 등장하는 다양한 단편들을 고려하면서 이 물음에 답해 보자.

3.2 독단주의자 피론과 회의주의자 피론

우리는 디오게네스 라에르티오스가 전하고 있는 피론의 모습을 크게 둘(독단주의자의 모습과 회의주의자의 모습)로 나눌 수 있다. 먼저 피론의 독단주의적 모습을 살펴보자.

(a) 개가 달려들었을 때 그가 놀라자, 피론은 자신을 비난하는 자에게 이렇게 답했다 : **"인간임을 완전히 벗는**

일(holoscheros ekdynai ton anthropon)은 어렵다네. 하지만 우리는 우선은 행동으로써 그리고 그것이 힘들다면 말로써, 가능한 한 대상들과 겨루어야 하는 걸세(diagonizesthai... pros ta pragmata)."(*DL.* IX 66)

(b) 오직 누메니우스만이 **피론이 독단적 주장을 폈다**(dogmatisai)고 말한다.(DL. IX 68)

먼저 (b)를 보면, 디오게네스 라에르티오스가 전하는 대부분의 단편들은 피론을 회의주의자로 규정하고 있지만, 디오게네스 라에르티오스는 이에 반대하는 견해도 있었음을 인정한다. 여기서 dogmatisai라는 단어가 구체적으로 무엇을 의미하는지는 분명치 않지만, 문맥을 고려할 때 이 동사는 회의주의적 판단 유보와 대립되는 의미를 가졌다고 생각된다.

독단주의 사상가 피론의 모습은 (a)에서도 잘 드러나는데, 여기서 피론은 자신의 목표가 "인간임을 완전히 벗는 것"이라고 밝히고 있으며, 이를 위해서는 가능한 한 대상들(pragmata)과 겨루어야 한다고 말한다. "대상들과 겨룸"은 "외부 대상의 본성에 대한 판단을 유보함"이라고도 해석 가능하지만, 피론이 달려드는 개를 보고 무서워하자이를 비판하는 자에게 답하고 있다는 사실을 고려할 때, 문맥상 "대상들과 겨룸"은 "일상 경험을 무시함"이라고도 해석 가능할 것이다. 만약 이러한 해석이 옳다면, (a)와 (b)의 일화는 회의주의적 맥락에서 설명하기 힘들며, 오히려 객관적 해석(혹은 형이상학적 해석)으로 설명하는 것이 합당하다.

그럼에도 불구하고 디오게네스 라에르티오스는 기본적으로 피론을 회의주의자로 기술하고 있으며, 피론주의의 시조격으로 간주한다.

(c) 피론은 **일종의 파악 불가능(akalepsia)과 판단 유보(epoche)를 도입**했으며, 어떤 것도 아름답거나 수치스럽지 않고 정의롭거나 부정의하지도 않다고 말했다. 또한 모든 것들에 있어서 마찬가지로 어떤 것도 진실로 어떠하지 않으며(meden einai te aletheia), 사람들은 규약(nomos)과 관습(ethos)에 의해 모든 일을 행한다고 말했다. 왜냐하면 각각의 대상은 저러하기보다 더 이러한 것이 아니기 때문(ou gar mallon tode e tode einai hekaston)이다(*DL.* IX 62).

(d) 이들 외에도 피론의 제자에는 압데라의 헤카타이오스와

필로스의 티몬이 속했다. 이들 모두는 스승의 이름을 따라서 피론주의자들이라고 일컬어지는데, 소위 그들의 견해로 인해(apo tou hoion dogmatos) 아포리아에 빠진 자들(aporetikoi), 회의주의자들(skeptikoi), 판단을 유보하는 자들(ephektikoi), 탐구자들(zetetikoi)이라고 불린다. [이들의 철학이] 탐구하는 철학(zetetike philosophia)인 까닭은 그들이 진리를 항상 탐구하기 때문이고, 회의주의 철학(skeptike)인 까닭은 이들이 언제나 의심하고(skeptesthai : 숙고하고) 결코 진리를 발견하지 못하기 때문이며, 판단유보 철학(ephektike)인 까닭은 탐구에 뒤따르는 마음의 상태, 다시 말해 판단 유보 때문이고, 아포리아적 철학(aporetike)인 까닭은 독단적 사상가들뿐 아니라 그들 자신 또한 아포리아에 빠지기 때문이다. 한편 그들이 피론주의자인 까닭은 피론 때문인데, 테오도시오스는 《회의주의적 장들》에서 회의주의가 피론주의로 일컬어져서는 안 된다고 주장한다. 왜냐하면 마음이 어느 방향으로 움직이는지 파악 불가능하다면, 우리는 피론의 심적 상태를 알 수 없을 것이고, 그것을 알지 못하면서 우리가 피론주의자라고 일컬어질 수는 없는 노릇이기 때문이다. 더구나 **피론은 회의주의를 최초로 창시하지도 않았으며 어떤 (독단적)**

않지만, 그것이 달게 보인다는 것은 받아들인다."(*DL.* IX 105)

먼저 인용문 (c)에 따르면 대상의 파악불가능(akalepsia)과 판단유보(epoche)를 최초로 도입한 것이 바로 피론이다. 또한 피론에 따르면 각각의 대상은 저러하기보다 더 이러한 것이 아니기 때문에, 우리는 어떤 대상도 본성상 어떠한지 결정할 수 없으며 사람들이 모든 일을 행하는 것은 외부 대상의 진실을 알기 때문이 아니라 오직 규약(nomos)과 관습(ethos)에 의해서라는 것이다.

이렇게 본다면 피론의 견해가 후대의 피론주의와 매우 유사하다고 보여진다. 인용문 (d)는 피론주의자들이 피론의 후계자들이라고 간주한다. 이에 따르면 피론주의자들이라는 이름은 스승인 피론에서 기인하며, 이들은 자신들의 철학적 관점으로 인해 "아포리아에 빠진 자들(aporetikoi)", "회의주의자들(skeptikoi)", "판단을 유보하는 자들(ephektikoi)", "탐구자들(zetetikoi)"이라고 일컬어진다. 그런데 테오도시오스는 회의주의가 피론주의로 일컬어져서는 안 되며, 피론이 회의주의를 최초로 창시한 것도 아니라고 주장한다. 하지만 이것은 그가 피론을 독단주의자로 간주했기 때문이 아니라, 오히려 피론이 아무런 독단적 견해를 가지지 않았으므로 그를 무슨 무슨 주의자라고 부르는 것조차 합당치 않다고 보았기 때문이다.

한편 인용문 (e)와 (f)는 피론과 티몬 그리고 아이네시데모스 간의 연관 관계를 보여 준다. 이에 따르면 피론은 어떠한 것도 독단적으로 결정하지 않았고 현상들에 따랐는데, 이러한 태도를 티몬과 아이네시데모스는 ou mallon이라는 표현으로 정식화했다.

마지막으로 (g)와 (h)는 엄밀히 말하면 피론 자신의 견해인지 분명치 않지만, 적어도 티몬 또는 아이네시데모스의 회의주의적 견해를 설명해 주고 있다.

여기까지의 인용문들을 고려하면, 디오게네스 라에르티오스의 인용문들은 티몬과 아이네시데모스가 명백히 회의주의적 의도를 가졌으며, 이들이 피론을 회의주의적 관점에서 해석하려고 시도했음을 보여 주고 있지만, 피론이 실제로 회의주의자였는지에 관해 결정적인 증거를 제시해 주지는 못하고 있다. 즉 아리스토클레스의 텍스트가 객관적 해석과 주관적 해석의 가능성을 열어 두고 있듯이, 디오게네스 라에르티오스의 단편들 또한 독단주의자 피론의 모습과 회의주의자 피론의 모습, 혹은 일상 경험에 맞서 싸우려 한 피론의 모습과 감각 경험에 의거해서 정상 생활을 영위하고자 한 피론의 모습을 함께 보여 주고 있다.

어쩌면 이처럼 피론의 정체가 불분명한 궁극적 원인은 피론 자신이 아무런 책도 쓰지 않은 반면 그의 제자 티몬이 피론에 관해 수많은 운문과 산문들을 저술했으며 피론에 대한 후대의 기록들은 직간접적으로 티몬의 기술에 기인하기 때문이라고 생각된다. 그렇다면 티몬이 피론에 관해 이토록 많은 운문과 산문들을 저술했던 까닭은 무엇인가? 그는 단순히 스승을 존경했기 때문에 이렇게 많은 책을 썼는가? 아니면 혹시 다른 의도가 있었던 것은 아닐까? 다음 절에서 우리는 티몬이 저술한 *Indalmoi*의 단편들과 관련해서 이 물음에 답해 보고자 한다.

3.3 티몬의 또 다른 자아로서의 피론

*Silloi*에서 티몬은 자기 스승 외의 다른 모든 철학자들을 공격하고 있는 반면, *Indalmoi*에서는 자기 스승의 탁월함을 보이고 있다. 그런데 *Indalmoi*라는 제목이 무엇을 뜻하는가에 관해 현대학자들은 이견을 나타내고 있다. 가령 밖무트(Wachsmuth)에 따르면, *Indalmoi*는 철학자들의 거짓 지혜가 사람들의 마음에 보여주는 잘못된 이미지 내지 모습을 가리키며, 이런 이미지는 행복한 삶에 대한 주요한 걸림돌이다.[187]

반면 히어철(Hirzel)은 *Indalmoi*를 긍정적 관점에서 해석한다. 그에 따르면, *Indalmoi*는 현자가 살면서 행위하기 위해 필요한 길잡이 내지 행동기준으로서의 표상을 의미한다. 이에 따르면 티몬의 *Indalmoi*는 피론주의자들의 ataraxia 원리를 전제하는 도덕적 성격의 저술이다.[188]

그런데 박스무트는 히어철의 긍정적 관점을 포괄한 제3의 해석을 제시한다.[189] 이에 따르면, Indalmoi는 우리를 미혹하는 모습뿐 아니라 ataraxia에 이르도록 하는 이미지까지를 포함한다. C. Stough도 티몬이 이러한 애매성을 의도적으로 제시하고 있다고 주장한다(1969: 24 n.15).

그러면 과연 Indalmoi는 무엇에 대한 이미지인가? 브룅슈비그는 이 물음에 대해 "피론에 대한 이미지"라고 답한다. 즉 티몬의 저술은 피론에 대한 비망록이라는 것이다.[190] 콘래드(F. Conrad)의 표현에 따르면, *Indalmoi*는

---

187) C. Wachsmuth, *De Timone Phliaso ceterisque sillographis graecis*, Leipzig, (1859), 11. Brunschwig(1994b: 216)에서 재인용.

188) R. Hirzel, *Untersuchungen zu Ciceros philosophischen Schriften*, Vol.III, Leipzig, (1883), 21-60. Brunschwig(1994b: 217)에서 재인용.

189) C. Wachsmuth, *Sillographorum graecorum reliquiae*, Leipzig, (1885), 22-3. Brunschwig(1994b: 217)에서 재인용.

190) Brunschwig(1994b: 218).

일종의 피론에 대한 전기소설이다.[191]

하지만 그렇다면 *Indalmoi*에서 티몬은 어떤 이미지를 묘사하고자 했을까? 이 물음에 답하기 위해 먼저 *Indalmoi*의 단편 두 구절을 살펴보자.

– 단편 841 (LS. 2D)

오, 피론이여! 내 마음은 이것을 듣고자 열망합니다.
어떻게 당신은 인간이면서도 너무나 쉽고 고요하게
살아가십니까?
당신은 언제나 근심 없고 동요하지 않으며
한결같으시군요.
또한 당신은 [세상사의] 소용돌이와 지혜의 달콤한 음성에
귀 기울이지 않으십니다.
오직 당신만이 사람들에게 신의 방식대로 길잡이가
되십니다.
온 땅 주위를 휘돌아 되돌아오며,
둥근 천구의 불타오르는 원을 보여 주는 신 말입니다.

– 단편 842 (Sextus Empiricus, *M.* XI 20, LS. 2E)

---

191) Conrad(1913: 12-3). Brunschwig(1994b: 218)에서 재인용.

진실로 나는 말할 것입니다. 나에게 보여지는 바대로(e gar egon ereo hos moi kataphainetai einai),
올바른 기준을 가지면서, 진리의 이야기를(mython aletheies orthon echon kanona)…
즉 신적인 것과 선한 것의 본성은 항상(hos he tou theiou te physis kai t'agathou aiei)
사람들에게 가장 한결같은 삶의 원천이 된다는 것을 말입니다(ex hon isotatos ginetai andri bios).

대부분의 현대 주석가들은 단편 842가 841에 대한 답변으로 주어진 것이라고 해석한다. 이에 따르면 인간이면서도 마치 신처럼 모든 고통으로부터 자유로운 피론을 흠모한 티몬이 그 비결을 물어보자(단편 841), 피론은 단편 842에서 티몬의 물음에 답하고 있다. 이 해석에 따르면 단편 842 2행의 mython aletheies는 피론의 자신에 관한 솔직한 이야기다.

하지만 단편 842는 매우 불분명한 단편이며 이에 관해 많은 논란이 있었다. 먼저 1행의 kataphainetai의 의미와 관련해서 어떤 주석가들은 이 단어가 주관적이고 개인적인 현상("-처럼 보이다")으로 해석되어야 한다고 생각했던 반면,[192] 또 다른 주석가들은 kataphainetai의 의미가

phainetai와는 다름을 강조하면서 kataphainetai를 "자신을 밝힘", "명확함"으로 해석해야 한다고 강조한다.[193] 만약 두 번째 해석이 옳다면 피론의 논의는 자기 주장적 성격을 가지게 된다.

2행에서도 애매성이 발견되는데, 대부분의 학자들은 aletheies가 mython을 수식하고 있다고 해석하는 반면, 벳은 aletheies가 kanona를 수식하는 것으로 해석해야 한다고 주장한다.[194] 전통적 해석에 따르면 단편 842의 화자는 다만 자신에게 보여지는 바를 기술할 뿐이며, 설령 mython aletheies를 이야기하겠다고 말하지만 그것은 대상 세계의 진리에 대한 기술이 아니라 자신에게 현상되는 바에 대한 솔직한 이야기일 뿐이다. 또한 그는 비록 외부 대상에 대한 진리를 알고 있지는 않으나 그럼에도 불구하고 일상생활에서의 행동 기준은 가지고 있다. 반면 벳의 새로운 제안에 따르면, 단편 842의 화자는 헬레니즘 시대의 주요한 쟁점 중 하나인 진리의 기준에 관해 이야기를 들려주고자 하며, 화자 본인은 진리의 올바른 기준을 가지

---

192) 섹스투스(*M.* XI 20) 또한 이런 의미로 해석하고 있다. 마찬가지로 Stough(1969: 25)도 이러한 해석에 동조하고 있다.

193) Bett(1994: 315-6). Bett(2003: 95-6).

194) Bett(1994: 316-8). Bett(2003: 96).

고 있으면서 자신에게 분명하게 파악된 바를 이야기하고자 한다.

3-4행의 경우도 불명료하기는 마찬가지다. 이 구절에 대한 전통적 독해는 3행 끝부분에 콤마를 찍는 것이다. 이에 따르면 우리는 화자로부터 “신적인 것과 선의 본성은 영원하며, 이러한 영원한 본성으로부터 한결같은 삶이 나온다”는 이야기(mythos)를 듣는다. 하지만 회의주의자가 영원히 신적인 것과 선한 것의 본성을 전한다는 것은 어불성설이다. 그래서 이런 문제점을 해소하기 위해서 마일스 버네이트(Myles Burnyeat)는 3행의 콤마를 지우고 마지막 2행을 다음과 같이 번역할 것을 제안했다.[195]

Namely, that the nature of the divine and the good is at any time(aiei)

That from which life becomes most equable for a man.

버네이트의 제안에 따르면, 피론은 후대의 피론주의처럼 세련된 형태는 아니지만 회의주의적 견해를 피력한 것

---

195) Burnyeat(1980: 86-93).

이며, 신적인 것과 선의 본성은 앞서의 번역처럼 영원히 존재하는 것이 아니라, 단지 한결같은 삶의 원천일 뿐이다.[196)]

그런데 문제는 단편 842에 존재하는 애매성을 해소하기 힘들며, 심지어 이 단편의 화자가 과연 피론 자신인지도 의문스럽다는 점이다. 이를테면 벳에 따르면 단편 842의 화자는 피론이 아니라 티몬이며, 단편 842는 841에 대한 답변으로 주어진 것이 아니다.[197)] 그렇다면 과연 티몬은 단편 842를 통해 무엇을 의도했는가?

사실 티몬의 단편 841과 842는 *Odysseia* XIX 224에 대한 패러디인데, 본래 *Odysseia*에서는 autar toi ereo, hos moi indalletai etor라고 되어 있었으나, 티몬은 단편 841에서 touto moi, o Pyrron, himeiretai etor akousai로, 단편 842에서는 e gar egon ereo, hos moi kataphainetai einai로 바꾸었다. 즉 단편 841에서는 indalletai etor를 himeiretai etor로 바꾸고 있으며, 842에서는 indalletai etor를 kataphainetai einai로 바꾸고 있다.

---

196) 버네이트는 3행에서 생략된 estin을 존재사가 아니라 계사로 간주할 것을 제안한다. 또한 그에 따르면 본문의 aiei는 "영원히"가 아니라 "언제나", "늘"을 뜻한다.

197) Bett(1994: 326-7).

한편 *Odysseia*의 본문에서 오디세우스는 자신의 신분을 아이톤(Aithon)으로 숨기면서 오디세우스의 이야기를 아내 페넬로페에게 들려주고 있다. 이때 아이톤은 화자인 동시에 이야기의 주인공과 동일 인물이다. 이와 마찬가지로 브룅슈비그는 티몬이 *Indalmoi*에서 피론의 이야기를 전하고 있지만, 어떤 측면에서 티몬은 피론의 또 다른 자아로서 자기 자신의 이야기를 전하고 있다고 해석한다.[198)]

이렇게 볼 때, 단편 842를 통해 티몬은 피론의 이야기를 전하는 동시에 자신의 또 다른 자아인 피론을 통해 티몬 자신의 이야기를 전하려 하고 있다고 생각된다. 또한 단편 842의 체계적인 불명료성과 애매성은 우연적인 것이 아니라 의도된 것이라고 볼 수 있다[199)]

그런데 이처럼 *Indalmoi* 단편 842의 애매성이 의도된 것이라면, 우리는 피론에 대한 티몬의 진술 전체가 의도적인 불명료성을 띠고 있는 것이 아닌가 반문해 볼 수 있다. 또한 아리스토클레스의 텍스트에 관한 두 가지 해석(객관적 해석과 주관적 해석)이 존재하는 궁극적 이유도 피론

198) Brunschwig(1994b: 221).

199) Brunschwig(1994b: 223).

에 관한 티몬의 진술이 의도적 불명료성을 띠었기 때문이라고 생각해 볼 수 있다. 더 나아가 피론의 언행에 관한 서로 상반된 보고들(피론이 일상 경험에 따라 행동했는가 아니면 일상 경험에 반해서 행동했는가, 피론이 독단주의자인가 아니면 회의주의자인가)은 피론의 삶 자체가 회의주의의 모델[200]임을 시사한다. 유감스럽게도 이처럼 서로 상반된 진술들이 피론 자신의 언행으로 인한 것인지 아니면 진술한 사람들의 의도로 인한 것인지 밝힐 길은 없다. 다만 우리는 티몬은 회의주의적 성향을 지녔으며 자신의 회의주의를 뒷받침하기 위해 피론을 회의주의적 인간의 모델이자 티몬 자신의 또 다른 자아로 제시하고 있다고 결론 내릴 수 있다.

4. 맺는 말

지금까지의 논의를 통해 우리는 다음과 같은 결론을 얻을 수 있다.

첫째, 일부 현대 학자들의 주장과는 달리 피론은 독단

200) *DL.* IX 76, 79에 기술된 "서로 모순된 진술들의 세력 균형".

적 사상가라고 단정 지을 수 없으며 피론의 말과 행동에는 독단주의적 요소와 회의주의적 요소가 공존하고 있다.

둘째, 피론이 회의주의자였는지는 분명치 않으나, 적어도 티몬과 아이네시데모스는 피론을 회의주의적 인물로 기술하고자 했다.

셋째, 특히 티몬은 피론에 관한 수많은 운문과 산문들을 통해 피론을 티몬 자신의 또 다른 자아로 제시하고 있으며, 피론의 입을 통해 티몬 자신의 이야기를 전하고 있다.

넷째, 티몬은 의도적으로 애매하고 불명료하게 피론의 이야기를 전함으로써, 궁극적으로 피론에 대한 서로 상반된 진술과 해석들을 통해 피론을 회의주의적 판단 유보의 화신으로 제시하고자 했다.

인용된 문헌

이태수(2008), "회의주의적 태도의 일관성: 자기논박 논변에 대한 피론회의주의의 대응", 《서양고전학연구》 Vol.31.

Bett, R. (1994), "Aristocles on Timon on Pyrrho: The Text, its Logic and its Credibility", *Oxford Studies in Ancient Philosophy*, 12:137-81.

Bett, R. (2003), *Pyrrho, his Antecedents, and his Legacy*, Oxford.

Brunschwig, J. (1994a), "Once again on Eusebius on Aristocles on Timon on Pyrrho" in J. Brunschwig(ed.), *Papers in Hellenistic Philosophy*, Cambridge.

Brunschwig, J. (1994b), "The Title of Timon's Indalmoi: From Odysseus to Pyrrho" in J. Brunschwig(ed.), *Papers in Hellenistic Philosophy*, Cambridge.

Burnyeat, M. (1980), "Tranquility without a stop: Timon, Frag.68", *Classical Quarterly*, NS 30: 86-93.

Diogenes Laertius, *Vitae philosophorum (DL.)*, H.S. Long(ed.), Vol.1(1964), Vol.2(1966), Oxford: Clarendon Press

Eusebius, *Praeparatio evangelica*, K. Mras(ed.), *Eusebius Werke*, Band 8, 43.1(1954), 43.2(1956), Berlin: Akademie-Verlag.

Galen, *De diagnoscendis pulsibus*, C.G. Kuhn, *Claudii Galeni opera omnia*, vol.8 (1824), Leipzig: Knobloch.

Long, A.A. & Sedley, D.N. (eds) (1987), *The Hellenistic Philosophers (LS.)*, 2Vols., Cambridge.

Photius, *Bibliotheca*, R. Henry(ed.), *Photius, Bibliotheque*, 8 Vols.(1959-1977), Paris: Les Belles Lettres.

Plutarch, *Quomodo quis suos in virtutate sentiat profectus*, F.C. Babbit(ed.), *Plutarch's moralia*(1927), Cambridge, Mass.: Harvard University Press.

Sextus Empiricus, *Pyrrhoniae hypotyposes (PH.)*, H. Mutschmann(ed.), *Sexti Empirici opera*, Vol.1(1912), Leipzig: Teubner.

Sextus Empiricus, *Adversus mathematicos (M.)*, H. Mutschmann & J. Mau(eds.), *Sexti Empirici opera*, Vol.2(1914), Vol.3(1961), Leipzig: Teubner.

Stopper, M.R. (1983), "Schizzi Pirroniani", *Phronesis* 28: 265-97.

Stough, C. (1969), *Greek Skepticism*, Berkeley & LA: University of California Press.

Svavarsson, S.H. (2010), "Pyrrho and early Pyrrhonism" in R. Bett(ed.), The *Cambridge Companion to Ancient Scepticism*, Cambridge.

해설

철학사를 돌이켜볼 때, 많은 철학자들에게 회의주의는 극복의 대상으로 인식되었다. 심지어 명석 판명하지 않은 모든 것을 의심하고자 했던 데카르트도 자신의 회의를 절대적 회의가 아니라 방법적 회의라고 불렀다. 하지만 헬레니즘 시대 희랍에서는 회의주의가 주요한 학파 중 하나로 활약했는데, 어떻게 이런 일이 가능했을까? 이 물음에 답하기 위해서는 고대 희랍에서 회의주의가 어째서 등장했고, 어떤 논변을 펼쳤는지 밝혀야 한다. 이때 우리에게 가장 큰 도움을 주는 자료가 바로 섹스투스 엠피리쿠스의 저작이다.

섹스투스 엠피리쿠스는 고대 희랍의 회의주의를 이해하는 데 없어서는 안 될 인물이다. 그의 저작이 1562년에 현대적으로 편집되기 전까지, 우리는 오직 키케로의 저작을 통해서만 고대 회의주의(주로 아카데미아학파의 회의주의)에 대해 알 수 있었다. 하지만 16세기 이후 철학자들은 섹스투스를 통해서 회의주의뿐 아니라 독단주의 철학(가령 스토아 철학)에 대해서도 많은 정보를 얻을 수 있게 되었다. 특히 데이비드 흄은 섹스투스로부터 큰 영향을 받았다. 이처럼 섹스투스가 철학사적으로 중요한 인물이었음에도 불구하고, 섹스투스에 관해 우리가 알고 있는 사실은 그가 회의주의 철학자이자 의사였다는 것뿐이며, 우리는 아마도 그가 2세기 후반부에서 3세기 초까지 알렉산드리아와 아테네에서 활약했을 것이라고 추정한다.

섹스투스의 저작 중, 고대 회의주의를 요약해서 설명한 것이 바로《피론주의 개요》다.《피론주의 개요》는 전체 3권으로 이루어진다. 1권에서 섹스투스는 '피론주의'가 무엇이며 다른 철학과 어떻게 다른지 논의하는 한편, 2권과 3권에서는 독단주의자들의 여러 입장들을 논파하고 있다. 섹스투스의 저작은 우리에게 고대 희랍의 회의주의가 어떤 것이었는가에 대한 정보를 제공해 줄 뿐 아니라, 헬레니즘 시대의 다른 철학자들(특히 스토아 철학)에 대해서도 주요한 전거가 되고 있다. 하지만 그는 어째서 자신의 입장을 피론주의라고 명명했을까?

'피론주의'라는 말은 엘리스 출신의 철학자 피론(BC 365~BC 275년경에 활동)의 이름에 따라 지어진 용어다. 다시 말해 섹스투스는 피론주의의 창시자가 피론이라고 여기는 듯하다. 물론 피론이 실제로 회의주의자였는가에 관해서는 논란의 여지가 있으나, 여하튼 피론주의자들은 우리가 외부 대상의 실제 모습에 대해 정확한 앎을 획득할 수 없으므로, 외부 대상에 대해 일체의 판단을 유보해야 한다고 주장한다. 그 결과 우리는 마음의 평안(ataraxia)을 얻게 된다는 것이다.

섹스투스에 따르면 자연 탐구의 길은 크게 셋이다. 우선 **독단주의자**는 참된 앎이 획득 가능하다고 주장하나, 자신이 진리를 발견했다고 단언함으로써 탐구의 길을 중단했다. 반면 **아카데미아학파의 회의주의자**는 진리가 획득 불가능하다고 주장함으로써 부정적 독단주의에 빠진다. 만약 아무것도 알 수 없다면 탐구를 해야 할 이유가 없다. 마지막으로 **피론주의자**는 독단주의에 빠지지 않고, 진리 발견의 가능성을 계속 모색한다. 여기서 흥미로운 사실은 섹스투스가 회의주의를 두 부류로 나누고 있다는 점이다. 즉 그는 자신의 피론주의를 아카데미아학파의 회의주의와 차별화하고자 했다. 우리는 두 학파의 관계에 대해 다음과 같이 개괄적인 설명을 제시할 수 있다.

먼저 아카데미아학파의 회의주의에 대해 살펴보면, 피타네 출신의 아르케실라오스(BC 315~BC 240)가 아카데미아의 수장이 된 후, 그는 아카데미아학파의 철학을 회의주의로 변모시켰다. 아마도 그는 플라톤의 사후 아카데미아의 탐구 정신이 점차 독단주의로 변질되고 있음에 불만을 느껴서, 독단주의자들을 비판하는 데 주력했던 것 같다. 이때 아르케실라오스가 사용한 방법은 소크라테스의 논박술(elenchos)과 유사하다.

아르케실라오스는 소크라테스의 논박술을 통해 독단주의자들(특히 스토아 철학자들)을 논파함으로써 이들의 탐구 정신을 회복시켜주려 했다. 아르케실라오스의 논변은 정치하고 매력적이었지만, 많은 이들은 플라톤 철학이 회의주의였다는 데 동의하지 않았으며, 이 때문에 아르케실라오스의 주장은 아카데미아 내에서 널리 받아들여지지 않았다. 결국 아카데미아학파의 회의주의가 완성된 것은 대략 1세기 후 카르네아데스(BC 214~BC 129)에 와서다. 하지만 그의 제자들은 회의주의자의 논변이 전적으로 대인논증(ad hominem)인지 아니면 회의주의자 자신도 믿음을 가질 수 있는지에 대해 논쟁을 벌였고, 급기야 기원전 90년대 혹은 80년대에 아카데미아의 주요 인물이었던 안티오코스가 스토아학파로 전향하기에 이른다. 결국 아카데미아학파와 스토아학파 사이의 논쟁은 스토아학파가 스토아학파와 싸우는 꼴이 되었다.

이런 이유로 기원전 1세기경 아이네시데모스는 이제 아카데미아학파 내에서 회의주의를 더 이상 계속할 수 없다고 생각했고, 보다 급진적인 회의주의 운동을 시작하고

자 했다. 아마도 그는 아카데미아학파의 전통 하에서는 회의주의 철학이 한계에 부딪칠 수밖에 없다고 생각했던 것 같다. 그래서 그는 피론을 시조로 하는 새로운 회의주의 철학을 만들었는데, 바로 그것이 피론주의다. 《피론주의 개요》에서 섹스투스는 기존의 철학을 비판하고, 한마디로 말해 철학의 틀을 완전히 새로 짜고자 했다.

하지만 우리는 회의주의자에 대해 다음과 같은 의문을 제기할 수 있다. 과연 외부 세계에 대해 모든 판단을 유보하는 일이 도대체 가능한가? 감각에 대해 판단을 유보하는 회의주의자는 정상적인 삶을 영위할 수 있는가? 또한 회의주의자는 자신의 주장이 옳다고 믿는가? 만약 자기주장이 옳다고 믿을 경우 회의주의자는 독단주의에 빠지며, 옳다고 믿지 않을 경우 그는 자신의 행동 방식이 성공할 것임을 다른 사람들에게 납득시킬 수 없다.

《피론주의 개요》에서 섹스투스는 이러한 문제들에 대한 회의주의자의 답변을 제시한다. 이에 따르면, 회의주의자는 외부 대상의 본성을 정확히 알고 있다는 독단적인 믿음을 가지지 않지만, 자신의 감각 내용이 무엇인지에 대해서는 (비독단적인) 믿음을 가질 수 있다. 가령 내 눈앞에 보이는 파란 책이 사실은 흰 책 겉에 파란 표지를 포장한 것일 수도 있지만, 나는 내 감각이 참임을 보장할 수 없음에도 불구하고, 적어도 그 책이 나에게 파랗게 보였다는 사실은 인정한다. 이렇게 볼 때, 회의주의자를 보통 사람과 구별해 주는 것은 믿음의 내용이 아니라, 믿음에 대한 태도다. 즉 보통 사람은 자신의 믿음이 참인지 거짓인지 알고자 하기 때문에 항상 걱정하는 반면, 회의주의자는 이러한 독단적 태도로부터 자유롭기 때문에 걱정할 것이 없다.

물론 회의주의자도 모든 근심, 걱정에서 해방된 것이 아니며, 배고픔과 목마름 등을 느낀다. 하지만 보통 사람들은 배고픔이나 목마름이 본성적으로 나쁜 것이라고 생각하기 때문에 더욱 고통을 받지만, 회의주의자는 그런 독단적 믿음을 가지지 않는다. 결국 인간의 모든 고통은 외부 세계에 대한 집착에서 비롯된 것이므로, 섹스투스는 마치 좋은 약을 처방했을 때 병이 치료되듯이, 우리가 외부 대상에 대한 독단적 판단을 유보할 때 우리 마음이 안정과 평화를 얻게 된다고 주장한다. 물론 정말로 섹스투스가 주장하듯이 마음의 평안이 판단 중지에 자연스럽게 수반하는가는 우리가 앞으로 검토해 보아야 할 과제다.

결국 《피론주의 개요》는 바람직한 삶이 어떤 것인지에 관해 회의주의자의 관점에서 논의하고 있으며, 회의주의자도 일상적인 삶을 영위할 수 있음을 주장하고 있다. 여태까지 섹스투스의 저작이 국내에 한 번도 번역된 일이 없다는 점을 감안할 때, 《피론주의 개요》 번역은 헬레니즘 시대 철학에 대한 국내 철학도들의 이해를 도울 수 있다는 점에서 값진 일이라고 생각되며, 이를 계기로 우리는 희랍 철학의 전통이 어떻게 계승, 발전되었는지에 관한 담론의 장을 만들 수 있을 것이라고 기대한다.

《피론주의 개요》를 번역하면서 사용한 희랍어 텍스트는 다음과 같다.

BURY, R.G., Sextus Empiricus, 4vols. (London and Cambridge Mass.: Loeb Classical Library, Vol.I: 1933, II: 1935, III: 1936, IV: 1949).

ΚΑΡΑΣΤΑΘΗ, ΑΝΑΣΤΑΣΙΑ-ΜΑΡΙΑ, Σέξτος Ἐμπειρικός: Πυρρώνειοι ὑποτυπώσεις (ΑΠΑΝΤΑ 1, 2), (Αθήνα: ΕΚΔΟΣΕΙΣ ΚΑΚΤΟΣ, 1998).

MUTSCHMANN, H., Sexti Empirici opera vol. 1: Pyrrhoniae hypotyposes, (Leipzig: Teubner, 1912).

한편 다음 번역 및 주석서를 참고했다.

ANNAS, J. & BARNES, J., Sextus Empiricus: Outlines of Scepticiism, (Cambridge: Cambridge University Press: 1994).

BURY, R.G., Sextus Empiricus: Outlines of Pyrrhonism, (Buffalo: Prometheus Books, 1990).

MATES, B., The Skeptic Way: Sextus Empiricus's Outlines of Pyrrhonism, (New York & Oxford: Oxford University Press, 1996).

《피론주의 개요》는 총 3권으로 구성된다. 제1권은 회의주의를 정의한 후 다른 학파와의 차이점을 논의하고 있으며, 제2권부터 제3권까지는 독단주의 학파(특히 스토아 학파)의 철학적 견해를 세 분과(논리학, 자연학, 윤리학)로 나누어 조목조목 논파하고 있다. 하지만 본서의 지면이 한정되어 있기 때문에, 피론주의의 모든 논변들을 다 소개할 수는 없었다. 따라서 우리는《피론주의 개요》제1권에서 회의주의의 주요 개념 설명과, 제2권의 논리학 반박 논변, 제3권의 자연학, 윤리학에 대한 주요 반박 논변만을 선별해서 독자들에게 소개하고자 한다. 이를 통해 독자들이 헬레니즘 시대의 철학과 고대 희랍의 회의주의에 관해 관심을 가지게 되기를 바란다. 피론주의에 관해 보다 상세한 정보를 얻고자 하는 독자는 추후 출간될 《피론주의 개요》 완역본을 참고하면 될 것이다.

끝으로, 국내에 생소한 섹스투스의 저작 번역을 흔쾌히 출판해 준 지식을만드는지식과, 본 번역을 꼼꼼하게 읽고 수정해 준 노재현 군에게 감사드린다.

지은이에 대해

저자 섹스투스 엠피리쿠스(2~3세기)는 의사이자 회의주의를 대변하는 철학자였다. 우리는 섹스투스의 생애에 관해 아는 바가 별로 없지만, 아마도 그는 로마와 알렉산드리아, 그리고 아테네에서 살았던 것 같다. 그의 저서는 11권이 남아 있는데, 한편으로 '피론주의'라고 일컬어지는 회의주의를 소개하고 있으며, 다른 한편으로 회의주의에 대적하는 '독단주의 사상가들'을 논파하고 있다. 섹스투스의 저작은 고대 희랍의 회의주의 역사를 이해하는 데 매우 중요한 원천으로 남아 있다.

옮긴이에 대해

오유석은 1971년 2월 7일 서울에서 출생했다. 서울대학교 철학과와 동 대학 철학과 대학원을 졸업했으며, 그리스 정부 장학생으로 초청되어 아테네 대학에서 2004년에 철학박사 학위를 받았다. 박사학위 논문 〈스토아 학파에 있어서 감각과 앎〉은 올바른 감각적 인식이 가능한가에 대한 헬레니즘 시대 철학자들(스토아 학파, 에피쿠로스 학파, 회의주의)의 논쟁을 다루고 있다. 또한 그는 헬레니즘 시대 철학과 교부 철학 및 비잔틴 철학에 관한 논문들을 여러 편 썼으며, 그의 역서로는 에피쿠로스의 단편 모음 《쾌락》(문학과지성사, 1998)과 《크세노폰의 향연, 경영론》(작은 이야기, 2005)이 있다. 현재 공주교육대학교 윤리교육과 부교수로 재직 중이다.

원서발췌 피론주의 개요

지은이 섹스투스 엠피리쿠스
옮긴이 오유석
펴낸이 박영률

초판 1쇄 펴낸날 2012년 1월 20일
개정1판 1쇄 펴낸날 2026년 2월 26일

커뮤니케이션북스(주)
출판등록 제313-2007-000166호(2007년 8월 17일)
02880 서울시 성북구 성북로 5-11
전화 (02) 7474 001, 팩스 (02) 736 5047
commbooks@commbooks.com
www.commbooks.com

지식을만드는지식은
커뮤니케이션북스(주)의 고전 출판 브랜드입니다.

ISBN 979-11-430-1783-3 03160

책값은 뒤표지에 있습니다.